Barbara Städtler-Mach / Helene Ignatzi (Hg.)

Grauer Markt Pflege

24-Stunden-Unterstützung durch
osteuropäische Betreuungskräfte

Mit 14 Abbildungen

Vandenhoeck & Ruprecht

Bibliografische Information der Deutschen Nationalbibliothek:
Die Deutsche Nationalbibliothek verzeichnet diese Publikation in der
Deutschen Nationalbibliografie; detaillierte bibliografische Daten sind
im Internet über https://dnb.de abrufbar.

© 2020, Vandenhoeck & Ruprecht GmbH & Co. KG,
Theaterstraße 13, D-37073 Göttingen
Alle Rechte vorbehalten. Das Werk und seine Teile sind urheberrechtlich
geschützt. Jede Verwertung in anderen als den gesetzlich zugelassenen Fällen
bedarf der vorherigen schriftlichen Einwilligung des Verlages.

Umschlagabbildung: © sabinevanerp/Pixabay

Satz: SchwabScantechnik, Göttingen
Druck und Bindung: ⊕ Hubert & Co. BuchPartner, Göttingen
Printed in the EU

Vandenhoeck & Ruprecht Verlage | www.vandenhoeck-ruprecht-verlage.com

ISBN 978-3-525-73328-8

Inhalt

Zu diesem Buch 7

Die Beschäftigung von polnischen Haushaltshilfen
in deutschen Pflegehaushalten aus rechtlicher Perspektive   11
Christine Haberstumpf-Münchow

Magda 23
Barbara Städtler-Mach

Mittel- und osteuropäische Migrantinnen in häuslichen
Pflegearrangements – Unterstützungsmöglichkeiten und
Kooperation seitens ambulanter Pflegedienste 29
Jasmin Kiekert und Nausikaa Schirilla

Dorota 41
Barbara Städtler-Mach

»Zwischen Pflegeheim und osteuropäischer Betreuungsperson ist quasi nichts« – die Bedeutung der Helfer*innen
aus dem Osten aus pflegewissenschaftlicher Sicht 47
Irena Schreyer

Katia 57
Barbara Städtler-Mach

Ambulante Pflegedienste im Zusammenwirken mit
osteuropäischen Betreuungskräften – eine Gestaltungs-
herausforderung für multirationales Management 61
Damian Ostermann

Maria 75
Barbara Städtler-Mach

**Osteuropäische 24-Stunden-Betreuerinnen –
Gestalterinnen ihrer eigenen Lebenslage** 79
Helene Ignatzi

Dominika 93
Barbara Städtler-Mach

**Fairness und Autonomie in der Betreuung in häuslicher
Gemeinschaft – Ergebnisse einer empirischen Studie** 99
Arne Petermann, Giorgio Jolly, Katharina Schrader

Renata 123
Barbara Städtler-Mach

**Altenpflege im Spannungsfeld von formeller und
informeller Arbeit – sozialethische Anmerkungen zur
gesellschaftlichen Organisation der Pflegearbeit** 129
Jonas Hagedorn

Erfahrungen eines pflegenden Angehörigen 157
Fritz Schmid

Grauer Pflegemarkt – gesellschaftliche Herausforderungen 171
Barbara Städtler-Mach

Autor*innen 189

Zu diesem Buch

Das Phänomen ist bekannt: Eine hohe Zahl von Frauen aus Mittel- und Osteuropa arbeiten für eine bestimmte Zeit in deutschen Privathaushalten, um alte und pflegebedürftige Menschen zu unterstützen und zu pflegen. Die genaue Anzahl dieser Frauen ist nicht bekannt, ihre Qualifikation nicht, ihre Rahmenbedingungen nicht: die im jeweiligen Haushalt ausgeführten Tätigkeiten, ihre Arbeits- und Freizeit, ihre Entlohnung. Bekannt ist, dass ein Teil von ihnen über Vermittlungsagenturen in Deutschland und dem jeweiligen Herkunftsland angestellt und bezahlt wird. Der größere Teil befindet sich vermutlich jedoch in irregulären Arbeitsverhältnissen.

Längst ist diese Art der Versorgung in Deutschland zu einer verbreiteten Variante der Pflege alter Menschen geworden. Sie geschieht unter Ausschluss der Öffentlichkeit, ist jeder Kontrolle entzogen und doch so gut wie jedermann bekannt: »Die Polin« – benannt nach Frauen aus dem Land, aus dem die meisten kommen – ist im Sprachgebrauch der Bevölkerung für die häusliche Unterstützung geradezu zur Bezeichnung für diese Unterstützung geworden.

Hinsichtlich der Bezeichnung dieser Frauen existiert eine große Unklarheit und eine entsprechende Vielfalt: Manche sprechen von Pflegenden – was in Abgrenzung zu professionell Pflegenden zu Spannungen führt, denn die meisten der Frauen haben keine qualifizierte Pflegeausbildung. Manche sprechen von Betreuer*innen – was gegenüber der Abgrenzung zu gesetzlichen Betreuer*innen ebenfalls Unschärfe hervorruft. Weit verbreitet ist auch eine Kombination von Pflege oder Betreuung mit »24 Stunden«, um die Rundumbetreuung zu veranschaulichen.

Die Bezeichnungen, die sich aufgrund der Arbeitsform ergeben: Live-ins (also Menschen, die mit anderen im gleichen Haushalt zusammenleben) oder Migrant Care Workers (Arbeitende im Pflegebereich in Pendelmigration) werden nahezu ausschließlich in fachsprachlichen Kreisen, insbesondere in wissenschaftlichen Veröffentlichungen, gebraucht.

Dass für Personen, die eine bestimmte Tätigkeit quasiberuflich ausüben, keine offizielle Bezeichnung existiert, weist schon grundsätzlich auf eine unklare Situation hin. Frauen, die so arbeiten, sind gewissermaßen »dazwischen«: Diese Frauen agieren zwischen professioneller Pflege, sofern sie in Kombination mit einem ambulanten Pflegedienst arbeiten, und pflegenden Angehörigen, sofern diese direkt mit im Haushalt leben oder zumindest zeitweise an der Versorgung beteiligt sind. Dass sie – bedingt durch die europäische Arbeitnehmerfreizügigkeit – innerhalb zweier Länder hin- und herpendeln, stellt eine weitere Facette dieses Dazwischens dar.

Vieles, was für die betreffenden Frauen von großer Bedeutung ist, geschieht auch »dazwischen«: in familiären und Bekanntschaftsbeziehungen, durch die sie häufig zu ihrer Beschäftigung in Deutschland kommen, durch informelle Telefonkontakte mit anderen Frauen, die die gleiche Form der Tätigkeit ausüben, durch Austausch in Bussen zwischen ihrem Herkunftsland und dem Einsatzort in Deutschland.

Vor allem vollzieht sich die hier kurz skizzierte Versorgungsform zwischen den sozialstaatlichen Bedingungen und Gesetzen in Deutschland. Für diese Versorgungsform gibt es keine Regelungen, keine gesetzliche Finanzierung und auch keine Kontrolle. Frauen in dieser Arbeitsform arbeiten und leben »dazwischen«, nicht nur im individuellen, sondern im strukturellen Sinn. Pflegebedürftige und ihre Angehörigen, die sich für diese Versorgungsform entscheiden, partizipieren am Dazwischen. Diese Unschärfe hat einen Namen bekommen: Grauer Pflegemarkt.

So wenig konkret und formal klar die Sachlage ist, die damit bezeichnet wird, so anschaulich bezeichnet dieser Ausdruck, worum es geht: Ein Geschäftsfeld, ein Markt hat sich entwickelt, um Angebote für Pflegebedürftige bereitzustellen, die offenbar an keiner geordneten Stelle zu erhalten sind. Dieser Markt – so viel lässt sich vorweg zusammenfassen – ist riesengroß, profitiert von dem Wohlstand und den Wohnformen derzeitiger alter (pflegebedürftiger) Menschen und der Differenz im Einkommen zwischen Deutschland und den Ländern Mittel- und Osteuropas.

An der Evangelischen Hochschule Nürnberg fand im Herbst 2017 ein Symposium zu diesem Themenbereich statt. Ziel war es, dieses »Dazwischen« aufzugreifen, indem Zusammenhänge analysiert werden, Transparenz geschaffen und Verantwortung bei den beteiligten Akteur*innen geweckt wird. In unterschiedlichen professionellen und nationalen Perspektiven wurden Zusammenhänge beschrieben, Rechtslagen benannt, Schräglagen aufgezeigt.

Im Anschluss an dieses Symposium wurde ein Forschungsnetzwerk gegründet, das diese Impulse aufgenommen und weiterbearbeitet hat. Mittlerweile haben mehrere Netzwerk-Treffen stattgefunden, wurden Forschungsprojekte vorgestellt, Praxisberichte weitergegeben und vielfältige Fragestellungen bearbeitet. Parallel dazu sind bundesweit Veröffentlichungen entstanden, sodass im wissenschaftlichen Bereich die Probleme längst benannt und viele Herausforderungen bearbeitet sind.

Zunehmend entwickelt sich eine breite öffentliche gesellschaftliche Diskussion des Themas. Stiftungen und (akademische) Bildungseinrichtungen bieten Tagungen zur Information und Diskussion an. Fachverbände, öffentliche, kirchliche und freigemeinnützige Interessensvertreter*innen nehmen das Thema in Veranstaltungen und Vorträgen auf.

Für diesen öffentlichen Diskurs möchte das vorliegende Buch einen Beitrag leisten. Rechtliche Rahmenbedingungen, Ergebnisse aus Studien mit dem Fokus auf die betreffenden Akteur*innen sowie grundsätzliche Problemanzeigen sind hier zusammengestellt.

Die öffentliche Wahrnehmung der Brisanz dieser Versorgungsform kann – das ist unsere feste Überzeugung – durch wissenschaftliche Studien allein nicht gelingen. Um wirklich zu verstehen, was dieses »Dazwischen« bedeutet, erscheint es unabdingbar, die Frauen, für deren Tätigkeit es nicht einmal eine offizielle Bezeichnung gibt, in diesem System zu Wort kommen zu lassen. Das ist in verschiedenen Studien der Fall. Der Originalität der einzelnen Menschen kann ein standardisiertes Interview – so sehr es wissenschaftlich seine Berechtigung hat – jedoch niemals gerecht werden.

Deswegen kommen die betroffenen Frauen – durchweg aus Polen – in dieser Veröffentlichung auf andere Weise in den Blick. In zahlreichen Begegnungen und (größtenteils polnischen) Gesprächen sind viele Fakten und Eindrücke von sechs Frauen zusammengetragen worden. Die Polinnen haben langsam Zutrauen aufgebaut, haben sich über das Interesse an ihrer Person und ihrem Ergehen gefreut und – vor allem nach längerem Vertrautsein – sehr offen erzählt.

Ihre Geschichte und Geschichten werden hier in kleinen biografischen Skizzen vorgestellt, gleichsam als Bilder von lebendigen Menschen zwischen den reflexiven Beiträgen. Die Namen der Polinnen sind frei erfunden. Ihre Erlebnisse und Einschätzungen hingegen sind Realität. Das gilt in gleichem Maß für den Beitrag »Erfahrungen eines pflegenden Angehörigen«; auch sein Name ist nicht real, wohl aber seine Geschichte.

Das Buch ist ein Gemeinschaftswerk verschiedener Autor*innen. Ihnen allen sei für ihren Beitrag herzlich gedankt. Großer Dank gebührt Herrn Markus Bünemann für seine unkomplizierte Unterstützung bei der technischen Zusammenführung der einzelnen Manuskripte zu einem Buch. Er hat mit viel Ruhe und Sachverstand maßgeblich an der Fertigstellung der Veröffentlichung mitgewirkt.

Wir möchten mit diesem Buch voller Reflexionen und menschlicher Geschichten zu einem – hoffentlich breiten – gesellschaftlichen Diskurs beitragen. Das »Dazwischen«, eben den Grauen Pflegemarkt, werden wir so schnell nicht auflösen. Das Anliegen, Menschen in unterschiedlichen Positionen und Verantwortlichkeiten auf die Herausforderungen hinzuweisen, werden wir nicht aufgeben.

Barbara Städtler-Mach und Helene Ignatzi

Die Beschäftigung von polnischen[1] Haushaltshilfen[2] in deutschen Pflegehaushalten aus rechtlicher Perspektive

Christine Haberstumpf-Münchow

Der folgende Beitrag wurde ursprünglich als eine erste Orientierungshilfe zu den drei möglichen Beschäftigungsmodellen einer polnischen Haushaltshilfe für betroffene bzw. interessierte Angehörige verfasst und wird als solche an dieser Stelle erstmals veröffentlicht. Verzichtet wird darin auf eine fundierte juristische Darstellung sowie Auseinandersetzung mit den komplexen rechtlichen Fragestellungen zu den einzelnen Beschäftigungsmodellen.

Die drei Beschäftigungsmodelle in der Praxis

In diesem Kapitel werden die unterschiedlichen Beschäftigungsmodelle aus der Perspektive der Angehörigen aufgeführt. Grundsätzlich sind drei Beschäftigungsmodelle denkbar: die Beauftragung einer Agentur, eine Arbeitgeber*innen-Tätigkeit durch die Angehörigen und die Tätigkeit der Haushaltshilfe als Selbstständige.

Beschäftigungsmodell 1: Eine Agentur beauftragen

Es wird eine deutsche Vermittlungsagentur beauftragt, die mit einem polnischen Pflegeunternehmen zusammenarbeitet. Dieses schickt seine Mitarbeiter*innen für meist zwei oder drei Monate nach Deutschland. Dieser Sachverhalt wird »Entsendung« genannt. Das

---

1 Polen steht stellvertretend für die weiteren ost- und mitteleuropäischen Länder Tschechien, Estland, Lettland, Litauen, Ungarn, Slowenien und Slowakei, Rumänien und Bulgarien. Für die Staatsangehörigen all dieser Länder gilt inzwischen die uneingeschränkte EU-Arbeitnehmerfreizügigkeit.
2 Folgende Bezeichnungen sind ebenfalls gebräuchlich: Pflegekräfte, Pflegehilfen, Betreuungskräfte.

Arbeitnehmer-Entsendegesetz[3] macht das möglich. Die Arbeitsleistung der Haushaltshilfe erfolgt für den in Polen ansässigen Pflegedienst. Arbeitgeber der Haushaltshilfe bleibt der polnische Pflegedienst. Dabei werden zwei Verträge abgeschlossen:
- Vertrag über die Vermittlung, sogenannter Vermittlungsvertrag und
- Vertrag über die Pflegedienstleistungen, sogenannter Dienstvertrag.

Wichtig ist, dass es im Vertrag mit der Vermittlungsagentur nur um die Vermittlungsleistung, nicht aber um die Pflegedienstleistungen geht, weil die deutsche Agentur nur vermitteln darf. Je nach Anbieterin wird die Vermittlungsgebühr als Gegenleistung einmalig oder monatlich abgerechnet. Der polnische Pflegedienst muss wiederum mehr als nur eine Vermittlungsagentur sein, er hat im Heimatland selbst pflegerische Dienstleistungen anzubieten. Dienstleister, die ausschließlich auf dem deutschen Markt, ohne nennenswerte Pflegedienstleistung in Polen, tätig sein wollen, können daher keine legale Entsendung vornehmen.

Die anfallenden Pflege- und Unterstützungsleistungen sowie alle sonstigen Arbeitsbedingungen gehören ausschließlich in den Vertrag mit dem Pflegedienst im Ausland. Der*die Auftraggeber*in darf der Haushaltshilfe streng genommen keinerlei Anweisungen geben, weil diese*r nicht Arbeitgeber*in ist. Absprachen, die sich aus dem täglichen Miteinander ergeben, sind gegenüber dem polnischen Dienst und in Verhandlung mit ihm geltend zu machen. Eine schnelle und unbürokratische direkte Absprache mit der Haushaltshilfe ist nicht zulässig.

Der Pflegealltag sieht jedoch anders aus: Die Haushaltshilfen besprechen die konkreten Aufgaben unmittelbar.

Da der*die Auftraggeber*in im gelebten Alltag situationsbedingt der Haushaltshilfe direkt Weisungen erteilt und Vorgaben machen muss, liegt im Rechtssinn eine »gewerbsmäßige Arbeitnehmerüberlassung« nach dem *Arbeitnehmerüberlassungsgesetz* vor. Der gelebte Arbeitsalltag der Haushaltshilfe führt unter Umständen zu

---

3 Die angewandten Rechtsvorschriften sind im Folgenden kursiv gedruckt.

ungewollten negativen rechtlichen Folgeproblemen. Für die gewerbsmäßige Arbeitnehmerüberlassung benötigt das polnische Pflegeunternehmen eine gesonderte Erlaubnis. Der polnische Pflegedienst als Verleiher kann grundsätzlich eine »Verleiherlaubnis« für die Haushaltshilfe, eine*n sogenannte*n überlassene*n Leiharbeitnehmer*in, von der Bundesagentur für Arbeit erhalten. Fehlt diese Erlaubnis, treten ungewollte Rechtsfolgen ein:
- Der Vertrag zwischen dem Pflegedienst und der*dem entsandten Mitarbeiter*in wird unwirksam.
- Der*die Auftraggeber*in wird automatisch zum*zur Arbeitgeber*in und unterliegt dann grundsätzlich der Versicherungspflicht in den einzelnen Zweigen der gesetzlichen Sozialversicherung und muss Sozialversicherungsbeiträge entrichten.

Zur Sozialversicherungspflicht der Tätigkeit

Grundsätzlich gelten zwar die Rechtsvorschriften des EU-Staates, in dem die Beschäftigung ausgeübt wird. Das ist Deutschland in den geschilderten Fällen. Das Sozialversicherungsrecht Polens bleibt jedoch anwendbar, sofern
- es sich um eine vorübergehende Entsendung einer*eines Mitarbeitenden bis zu 24 Monaten handelt und
- die Entsendung nicht dazu dient, eine andere entsandte Person zu ersetzen.

Das heißt, dass in Deutschland keine Sozialversicherungsbeiträge gezahlt werden müssen. Das ist in einer *Verordnung des Europäischen Parlaments und des Rates zur Koordinierung der Systeme der sozialen Sicherheit* geregelt. Dadurch soll bei kurzen Auslandseinsätzen vermieden werden, dass sich die anwendbaren Rechtsvorschriften ständig ändern. Der polnische Pflegedienst unterrichtet die zuständige polnische Sozialversicherungsanstalt über die Entsendung seiner Arbeitnehmenden. Diese bescheinigt die Abführung von Sozialversicherungsbeiträgen im Heimatland und stellt eine »Entsendebescheinigung« aus.

Diese Bescheinigung ist in Deutschland für Behörden und Gerichte bindend, solange sie nicht zurückgezogen oder für ungültig erklärt wird bzw. gefälscht ist.

Zu den Arbeitsbedingungen der Haushaltshilfe

Was die Mindestarbeitsbedingungen (Lohn, Urlaub und Arbeitszeit) betrifft, gilt deutsches Recht. Das bestimmt das *Arbeitnehmer-Entsendegesetz*.

Seit 1. Januar 2015 ist das *Mindestlohngesetz* in Kraft. Der Mindestlohn von derzeit 9,19 € je Stunde gilt für alle im Inland beschäftigten Arbeitnehmer*innen über 18 Jahre und damit auch für ausländische Arbeitnehmer*innen, die in Deutschland arbeiten – egal ob sie bei einer in- oder einem ausländischen Arbeitgeber*in angestellt sind.

Der sogenannte Pflegemindestlohn von 11,05 € in Westdeutschland und 10,55 € in Ostdeutschland findet in Privathaushalten dagegen keine Anwendung. Er gilt nur für Personen in Pflegebetrieben.

Freie Verpflegung und Unterkunft sind Teil des Vertrags.

Das *Arbeitszeitgesetz § 18 Abs 1 Nr. 3* hingegen ist bei Arbeitnehmer*innen in häuslicher Gemeinschaft mit den anvertrauten Personen nicht anwendbar. Daraus ergibt sich eine Wochenarbeitszeit von höchstens 40 Stunden an nicht mehr als sechs Arbeitstagen. Zudem hat die Haushaltshilfe einen Anspruch auf den bezahlten Mindestjahresurlaub nach dem *Bundesurlaubsgesetz* in Verbindung mit Tarifrecht. Daraus ergibt sich ein Urlaubsanspruch für Arbeitnehmer*innen von jährlich mindestens 24 Werktagen. Dieser ist monatlich herunterzurechnen und für die Zeit des Einsatzes zu gewähren.

Beschäftigungsmodell 2:
Als Angehörige*r selbst Arbeitgeber*in werden

Die polnische Haushaltshilfe wird als Arbeitnehmer*in in Deutschland tätig. Die EU-Arbeitnehmerfreizügigkeit macht das seit Mai 2011 möglich. Vorher war eine Arbeitserlaubnis-EU nach dem *Sozialgesetzbuch III* erforderlich. Diese war vor der Aufnahme einer Beschäftigung bei der Bundesagentur für Arbeit einzuholen und wurde in der Regel nur befristet erteilt.[4]

---

4 Heute gilt dieses Erfordernis nur noch für Kroatien.

Selbst Arbeitgeber*in zu werden, ist arbeitsrechtlich die sauberste Lösung, jedoch mit mehr Aufwand verbunden. Vorteilhaft ist, dass der Beschäftigung zeitlich keine Grenzen gesetzt sind. Es ändert sich auch nicht ständig die Bezugsperson. Als Nachteil kann es sich aber auswirken, dass der*die Arbeitgeber*in selbst für Ersatz sorgen muss, wenn die Haushaltshilfe erkrankt.

Mit der Haushaltshilfe wird ein Arbeitsvertrag geschlossen, durch den die Haushaltshilfe eine sogenannte abhängige Beschäftigte im Sinn des *Sozialgesetzbuchs IV* wird. Der*die Arbeitgeber*in hat dann das Recht, der Haushaltshilfe unmittelbare Anweisungen zu geben, wann und wie sie hilft.

Zur Sozialversicherungspflicht der Tätigkeit

Aus einem abhängigen Beschäftigungsverhältnis folgen grundsätzlich die Versicherungspflicht in den einzelnen Zweigen der gesetzlichen Sozialversicherung samt der damit verbundenen Beitragslast sowie die Steuerpflichtigkeit nach deutschen Rechtsvorschriften.

Es bestehen folgende Arbeitgeberpflichten:[5]
- Beantragung einer Betriebsnummer beim Betriebsnummern-Service der Bundesagentur für Arbeit,
- Anmeldung der Beschäftigung zur Sozialversicherung bei einer gesetzlichen Krankenkasse,
- Abschluss einer Unfallversicherung über die zuständige Berufsgenossenschaft,
- Klärung der Abführung von der Lohnsteuer mit dem Finanzamt bzw. Beauftragung eines Lohn- und Steuerbüros.

Für die Haushaltshilfe ergeben sich folgende Arbeitnehmer*innenpflichten:
- Anmeldung beim Einwohnermeldeamt,
- Beantragung einer Steuer-Identifikationsnummer beim zuständigen Finanzamt.

---

5 Siehe ZAV zur Vermittlung von europäischen Haushaltshilfen, abrufbar im Internet unter: http://www.arbeitsagentur.de/web/content/DE/BuergerinnenUndBuerger/ArbeitundBeruf/Vermittlung/Haushaltshilfen/index.htm, Zugriff am 05.09.2019.

Zu den Arbeitsbedingungen der Haushaltshilfe

Der Arbeitsvertrag definiert Inhalt, Ort, Zeit und Arbeitsleistung gemäß der gesetzlichen und tariflichen Bestimmungen in Deutschland:[6]

- Entlohnung und Arbeitszeit: Mindestlohngesetz und Arbeitszeitgesetz
(Es gilt nicht der höhere Pflegemindestlohn)
- Urlaub: Bundesurlaubsgesetz und Tarifrecht
- Dauer der Beschäftigung: keine zeitlichen Grenzen gesetzt
- Unterkunft und Verpflegung: Bei freier Gewährung wird dies als geldwerter Vorteil gewertet und in Höhe der aktuellen Sachbezugswerte zum gezahlten Bruttoeinkommen hinzugerechnet. Dementsprechend erhöhen sich die zu zahlenden Sozialversicherungsbeiträge seitens beider Vertragspartner*innen
- Probezeit: 4 Wochen
- Kündigungsfristen: laut Tarifvertrag mindestens ein Monat
- An- und Abreisekosten: ggf. Übernahme der Kosten durch den*die Arbeitgeber*in

Beschäftigungsmodell 3:
Haushaltshilfe wird selbstständig tätig

Die auf den ersten Blick einfachste und kostengünstigste Lösung ist ein Einsatz als selbstständig Tätige. Denn in Deutschland müssen dann keine Sozialversicherungsbeiträge abgeführt werden. An den Start geht ein*e Selbstständige*r der EU-Länder mit wenig Vorarbeit: Es genügt die Wohnsitz- und Gewerbeanmeldung in Deutschland sowie eine Steuernummer. Die uneingeschränkte EU-Dienstleistungsfreiheit macht das möglich.

Bei dieser Variante ist jedoch äußerste Vorsicht geboten: Das Beschäftigungsverhältnis kann illegal sein, weil unter Umständen eine Scheinselbstständigkeit vorliegt. Die Haushaltshilfe ist also nur scheinbar selbstständig, tatsächlich erfüllt sie aber alle Merkmale einer Arbeitnehmerin. In dem Fall liegt Schwarzarbeit vor. Nach dem *Gesetz zur Bekämpfung der Schwarzarbeit und illegalen Beschäftigung* leistet Schwarzarbeit, wer unter anderem Dienst- oder Werk-

---

6   Siehe ZAV zur Vermittlung von europäischen Haushaltshilfen, a. a. O.

leistungen erbringt oder ausführen lässt und dabei als Arbeitgeber*in, Unternehmer*in oder versicherungspflichtige*r Selbstständige*r seine*ihre sich aufgrund der Dienst- oder Werkleistungen ergebenden sozialversicherungsrechtlichen Melde-, Beitrags- oder Aufzeichnungspflichten nicht erfüllt.

In diesem Beschäftigungsmodell ist genau hinzusehen, ob eine selbstständige Tätigkeit oder eher eine abhängige Beschäftigung vorliegt. Die Annahme einer Selbstständigkeit wird eher die Ausnahme als die Regel sein, wenn die Haushaltshilfe im Haus wohnt. Die Merkmale für eine abhängige Beschäftigung sind: Die Haushaltshilfe ist im Haushalt und Tagesablauf fest integriert, verwendet alles, was ihr zur Verfügung gestellt wird, wie Handschuhe, Desinfektionsmittel und Verbandsmaterial, und richtet ihre Tätigkeit auf die Bedürfnisse des*der Auftraggebenden aus. Die Haushaltshilfe wird von der Betreuung in einem Umfang beansprucht, der ihr zeitlich keinerlei Raum für Hilfeleistungen bei weiteren pflegebedürftigen Personen belässt. Allein in den eher seltenen Fällen, in denen eine Haushaltshilfe für mehrere Pflegebedürftige tätig wird, kann unter Umständen eine »echte« Selbstständigkeit angenommen werden. Zuverlässig kann das nur im Einzelfall bestimmt werden.

Zur Sozialversicherungspflicht der Tätigkeit

Wer im Heimatland schon als selbstständige Pflegekraft gearbeitet hat, unterliegt, sofern die Tätigkeit in Deutschland nicht länger als 24 Monate dauert, auch weiterhin den Rechtsvorschriften des Herkunftslandes. Das ergibt sich aus der bereits erwähnten *Verordnung des Europäischen Parlaments und des Rates zur Koordinierung der Systeme der sozialen Sicherheit*. Die selbstständige Haushaltshilfe beantragt bei der ZUS (Zakład Ubezpieczeń Społecznych) in Polen eine Entsendebescheinigung, auch »A1-Bescheinigung« genannt, in der bestätigt wird, dass sie im selben Land versichert bleibt wie bisher. Mit der ausgestellten Entsendebescheinigung wird sie genauso geschützt wie eine entsandte Arbeitnehmerin. Liegt eine solche A1-Bescheinigung jedoch nicht vor, droht die Nachforderung des Gesamtsozialversicherungsbeitrages, sollte eine abhängige Beschäftigung vorliegen. Die Sozialversicherungsbeiträge können noch bis zu vier Jahre später, bei vorsätzlichem Vorenthalten von

Beiträgen sogar noch 30 Jahre lang von den Sozialversicherungsträgern nachgefordert werden.

Zu den Arbeitsbedingungen der Haushaltshilfe
Die Vergütung der selbstständigen Dienstleistung darf nicht sittenwidrig sein. Sie muss angemessen sein und dem Honorar für vergleichbare Dienstleistungen in Deutschland entsprechen. Es sind tägliche Höchstarbeitszeiten einzuhalten. Auf die Gesetze zum Schutz von Arbeitnehmer*innen wie Arbeitszeitgesetz, Bundesurlaubsgesetz, Entgeltfortzahlung im Krankheitsfall etc. können sich Selbstständige dabei nicht berufen.

Rechtlich zulässige Tätigkeiten einer Haushaltshilfe in Abgrenzung zum Vorbehalt für professionelle Pflegedienste

Rechtlich zulässig ist die **Grundpflege,** z. B.
- An- und Auskleiden
- Hautpflege
- Mundpflege
- Duschen und Baden
- Nagel- und Fußpflege
- Rasieren
- Toilettengang
- Inkontinenzversorgung
- Fortbewegung
- Waschen
- Haarpflege
- Zahnpflege

Haushaltshilfen dürfen nicht pflegen. *Medizinische Behandlungspflege (unabhängig von einem Pflegegrad)* ist daher nicht zulässig, selbst dann nicht, wenn die Haushaltshilfe eine entsprechende Ausbildung im Heimatland hat, z. B.[7]

---

7 https://www.pflege.de/altenpflege/behandlungspflege. Zugriff 19.09.2019.

- Absaugen
- Anleitung bei der Krankenpflege in der Häuslichkeit
- Beatmungsgerät, Bedienung und Überwachung
- spezielle Krankenbeobachtung
- Blutdruckkontrolle
- Blutzuckermessung
- Insulingabe
- Injektionen
- Infusionen

Kosten einer Haushaltshilfe und Finanzierung aus dem Pflegegeld für selbst beschaffte Pflegehilfen

Für bestimmte Leistungen wie die Morgentoilette einen ambulanten Dienst zu beauftragen, können sich die meisten Familien noch leisten. Wer Pflegegrad 1 oder 2 hat, kommt die restliche Zeit des Tages auch ganz gut allein zurecht. Menschen mit Pflegegrad 4 oder 5 können das nicht schaffen. Sie brauchen Pflege und Betreuung zu verschiedenen Tages- und ggf. auch Nachtzeiten. Das ist für die meisten Familien mit einem professionellen Pflegeunternehmen finanziell nicht leistbar. Für eine 24-Stunden-Anwesenheit zu Hause müssten drei Pflegekräfte im Einsatz sein.

Kosten einer Haushaltshilfe

Mindestbrutto-Entgelt für Haushaltshilfen unter Beachtung des allgemeinen Mindestlohns nach *Mindestlohngesetz* (zuzüglich freie Kost und Logis):

1593 € sind der aktuelle Bruttomonatslohn bei einer 40-Stunden-Arbeitswoche mit 9,19 € Mindestlohn.

Je nach Sprach-, Fach- und sonstigen Kenntnissen wie Betreuungserfahrung, Führerschein etc. kann das Bruttoentgelt auf bis zu 2.500 € steigen.

Finanzierung aus dem Pflegegeld
für selbst beschaffte Pflegehilfen
Der anspruchsberechtigte Personenkreis und der Leistungsumfang ergibt sich nach § 37 Sozialgesetzbuch XI.

Danach können Pflegebedürftige der Pflegegrade 2 bis 5 anstelle der häuslichen Pflegehilfe ein Pflegegeld beantragen.

Das Pflegegeld beträgt je Kalendermonat
316 € für Pflegebedürftige des Pflegegrades 2
545 € für Pflegebedürftige des Pflegegrades 3
728 € für Pflegebedürftige des Pflegegrades 4
901 € für Pflegebedürftige des Pflegegrades 5

Der Bezug von Pflegegeld ist mit einem gesetzlich verpflichtenden Abruf eines Beratungseinsatzes verbunden. Hierdurch soll die Qualität der häuslichen Pflege gesichert werden. Der beauftragte Pflegedienst bzw. eine anerkannte Beratungsstelle prüft in diesem Rahmen halb- bzw. vierteljährlich das pflegerische Umfeld der pflegebedürftigen Person.

Zusammenfassung

Zusammenfassend lässt sich festhalten, dass die aktuell bestehende Rechtslage für alle Beteiligten nicht zufriedenstellend ist. Gerade das wohl meistgewählte Modell, die Haushaltshilfe unter Einschaltung einer Agentur zu finden und einzusetzen, ist zwar für die zu Pflegenden wie die Angehörigen in praktischer Hinsicht attraktiv. Allerdings ist bei aller Praktikabilität zu berücksichtigen, dass auch hier deutliche rechtliche Grauzonen bestehen. Gerade soweit die Kommunikation mit der Haushaltshilfe im Mittelpunkt steht, werden in der Praxis regelmäßig Arbeitsanweisungen und Aufträge direkt zwischen Angehörigen und Haushaltshilfe abgewickelt. Rechtlich hingegen ist dies nicht zulässig.

Ein sinnvolles Pflegemodell muss vor diesem Hintergrund aber immer beide Aspekte beinhalten: Praktikabilität und zugleich Rechtssicherheit. Hier besteht noch rechtlicher (Neu-)Regelungsbedarf, um diesem Anspruch gerecht werden zu können.

Ein weiterer Aspekt mit Nachbesserungspotenzial ist die Vergütung der Haushaltshilfen. Diese sollten von den Pflegekassen besser vergütet werden, als dies derzeit der Fall ist. Hierzu sollten Regelungen gefunden werden, die eine Vergütung analog zu anerkannten ambulanten Pflegediensten ermöglichen. Zwar sind die Haushaltshilfen keine Pflegekräfte in diesem Sinne, jedoch dient ihr Einsatz regelmäßig der Vermeidung von stationärer Pflege, wie dies auch bei ambulanten Pflegediensten der Fall ist. Und die stationäre Pflege, das dürfe unumstritten sein, ist die wesentlich kostenintensivere Variante.

Magda

Barbara Städtler-Mach

Wer Magda begegnet, vermutet in ihr keineswegs eine »Haushaltshilfe«: Von pflegeleichter Funktionskleidung, die Putzen oder Kochen pragmatisch unterstützt, ist nichts zu sehen. Magda erscheint als stets gepflegte und geschmackvoll gekleidete Frau, mit interessanten Accessoires in Form von Tüchern und Schmuck, ihre Grundausbildung als Designerin ist unverkennbar. Beginnt man mit ihr ein Gespräch, besticht sie durch gutes Deutsch, wohl mit polnischem Akzent und einigen grammatikalischen Holprigkeiten, aber mit einem differenzierten Wortschatz. Wie so oft bei erlernten Fremdsprachen versteht sie wesentlich mehr, als sie selbst auszudrücken imstande ist.

Magda ist aktuell sechzig Jahre alt. Zwölf Jahre dieser Lebenszeit verbrachte sie im Wechsel mit anderen Frauen aus Polen als Betreuungskraft in deutschen Haushalten. Dass es zu dieser Beschäftigung kam, liegt an großen wirtschaftlichen Problemen, die ihr Mann – zehn Jahre älter als Magda – damals hatte. Er hatte sich als erfolgreicher Textilingenieur in Polen selbstständig gemacht. Was zunächst aussichtsreich erschien, entwickelte sich durch ausbleibende Zahlungen seiner Kunden zu einem finanziellen Ruin. Da jedes Einkommen innerhalb der Familie in Polen mit Pfändungen belegt zu werden drohte, entschloss sich Magda, die zu dieser Zeit immer populärer werdende Beschäftigung bei unterstützungsbedürftigen alten Menschen in Deutschland zu versuchen. Sie wollte damals zum Unterhalt der Familie in schwieriger Zeit etwas beitragen, Sohn und Tochter waren noch schulpflichtig, ein eigenes Haus war gerade gebaut worden.

Ihre erste »Stelle«, wie Magda die Haushalte nennt, in denen sie arbeitet, war bei einer schwergewichtigen kranken Frau. Vermittelt wurde ihr die Beschäftigung durch persönliche Kontakte zwischen Bekannten am Wohnort von Magda und dem der unterstützungsbedürftigen Frau. Die Arbeit mit ihr bestand im Wesentlichen nicht aus Hilfe im Haushalt, sondern in wirklicher Pflege, Lagern und Heben der über 100 Kilogramm schweren Frau inbegriffen. Nach den ersten vier Wochen – als der Wechsel mit einer weiteren Polin anstand – beschloss Magda zum einen, dorthin nicht zurückzukehren, zum anderen, sich für die »häusliche Pflege« – dieser Begriff war ihr mittlerweile geläufig – qualifizieren zu lassen. Sie belegte in Polen einen entsprechenden Schulungskurs, den sie selbst finanzierte. »Ich habe gemerkt,« – so berichtet sie von der damaligen Überlegung – »ich brauche Fachkenntnisse, zum Beispiel wie man Haare im Bett wäscht.« Darüber hinaus begann sie, ihre Deutschkenntnisse kontinuierlich zu verbessern: Das Fremdwörterbuch wurde zum ständigen Begleiter, sie lernte Vokabeln wie einst als Schülerin.

Die nächste Familie, in der sie arbeitete, war bei ihrem Deutschlernen eine große Hilfe: Das ältere Ehepaar, bei dem sie lebte, verstand Polnisch, so konnte immer direkt übersetzt werden. Als der Mann verstarb, trauerte Magda sehr um ihn, speziell zu ihm hatte sie ein großes Vertrauensverhältnis entwickelt. Noch einige Zeit versorgte sie dessen Frau, die durch ihre anspruchsvolle Haltung – »Bring mir ein Kissen, zupfe mir eine Weintraube ab« – für Magda anstrengend wurde. Nach vier Jahren, die Magda in diesem Haushalt oder besser: in dieser Familie verbrachte, kam die alte Dame in ein Heim. Magdas sehr persönliche Beziehung zu den Söhnen des Ehepaars und deren Familien besteht bis heute, an den Erlebnissen in dieser Familie macht sie fest, wie Deutsche sind, welche Besonderheiten sie haben, worin sie sich von Polen unterscheiden.

Nach der Tätigkeit in dieser Familie kam Magda – ebenfalls wieder durch persönliche Kontakte vermittelt – zu einer allein lebenden über 90-jährigen Frau, geistig und gesellschaftlich aktiv, mit vielen Interessen in Kultur und Kunst. Für sie führte sie den Haushalt eines geradezu vornehm eingerichteten Hauses, begleitete sie zu kulturellen Veranstaltungen und einmal im Jahr zur Erholung der alten Dame in deren eigenes Haus in den Bergen. Die Bezeichnung »Gesellschaftsdame«, die Magda selbst benutzt, wenn sie von diesen Jahren spricht, ist ein Relikt der von ihr versorgten Frau, diese Vokabel hat sie bei ihr gelernt.

Alle in den ersten Jahren von ihr betreuten Personen waren körperlich eingeschränkt, aber geistig rege und lebendig. Wie Menschen mit zunehmender Demenz sich entwickeln, wusste Magda nicht. Grundsätzliche Kenntnisse von dieser Erkrankung und den damit einhergehenden Persönlichkeitsveränderungen waren ihr bislang fremd. Trotzdem sagte sie zu, als sie vom ambulanten Pflegedienst, der die über 90-Jährige bis zu ihrem Tod versorgte, angefragt wurde, ob sie eine ebenfalls über 90-Jährige mit fortgeschrittener Demenz betreuen wollte. Dass der Leiter des ambulanten Dienstes, der sie jahrelang als »Gesellschaftsdame« erlebt hatte, sie fragte, empfand Magda als große Bestätigung ihres Einsatzes.

Die ersten Kontakte zu der nächsten Patientin erfolgten über eine von deren Töchtern, die mit Skype-Anrufen zwischen Deutschland und Polen eine Art Kennenlernen ermöglichte. Magda konnte dabei auch ihre Vorstellungen von geregelter Arbeitszeit und freien Stunden zum Ausdruck bringen und im Gespräch festlegen.

Sie sagte zu. An dieser »Stelle« arbeitet sie bis heute. Mit der alten Dame hat sie sich gut arrangiert, sie versteht sie in ihrem Verhalten, nimmt das nächtliche Aufstehen in Kauf, weil sie tagsüber immer wieder Pausen einlegen kann. Zwischen ihr und der von ihr Betreuten besteht ein persönlich angenehmes Verhältnis, die alte Dame nennt sie liebevoll »mein Mädchen«.

Dass sie seit Jahren ohne festen Vertrag arbeitet, nimmt Magda an allen ihren »Stellen« in Kauf. Zweimal hat sie in Polen einen Versuch mit einer Agentur gemacht. Sie weiß genau, was es bedeuten würde, im Modus der Entsendung zu arbeiten. Bei den Vorgesprächen in Polen sind ihr Ungereimtheiten sofort aufgefallen: dass im ersten Fall keine Transparenz über die Kosten für die Familie des zu Betreuenden im Verhältnis zu ihrem Einkommen hergestellt wurde, dass im zweiten Fall von ihr direkt eine Unterschrift zum Vertrag verlangt wurde, ohne ihr noch die Möglichkeit einzuräumen, den Vertragstext in Ruhe zu Hause durchzulesen. So hat Magda alle Familien, in denen sie gearbeitet hat, durch Empfehlung bekommen. Sie ist äußerst gut vernetzt mit anderen Polinnen, Schwestern und Schwägerinnen, Freundinnen und »Kolleginnen«, die sie durch den Wechselrhythmus auch aus anderen Familien kennengelernt hat. So gelingt es ihr auch, in Engpässen für Familien – zum Beispiel über

Weihnachten – Aushilfen zu organisieren. Magda unterstützt auch ihre polnischen Kolleginnen und Freundinnen, wenn sie Probleme haben, krank sind oder zu wenig Freizeit im deutschen Haushalt bekommen.

Gute Arbeitsbedingungen, im Sinne von geregelter Freizeit, sind für Magda grundlegend wichtig: »Ich bin keine Sklavin.« Ihre Wünsche müssen auch untergebracht werden: Zeit zum Spazierengehen, zum Besuch des Gottesdienstes, Treffen mit anderen Polinnen. Sie sieht, was sie leistet, ist sich ihrer Erfahrung und Allgemeinbildung bewusst und bringt diese Stärken im Gespräch auch über die Bezahlung und Arbeitsorganisation mit ein.

Ihr Bild von »den Deutschen« ist geprägt durch ihre Erfahrungen in den insgesamt vier Haushalten, in denen sie gearbeitet hat und arbeitet. Deutsche sind – so Magda – sehr genau, wenig flexibel und geschmeidig, auch in ganz kleinen Dingen. Lachend erzählt sie, wie sie einen Kuchen gebacken hat, ohne Rezept, nach Erfahrung und zusammengesetzt aus Zutaten, die gerade im Haus waren, der bei allen anwesenden Töchtern und Söhnen der von ihr Betreuten ankam. Als sie nach dem Rezept gefragt wurde, konnte sie nur sagen: »Ich mache nach Gefühl.«, eine Auskunft, für die die deutsche Familie kein Verständnis hatte.

Was Magda mit einer gewissen Enttäuschung sagt: Keine der deutschen Familien, in denen sie gearbeitet hat, hat sie je danach gefragt, warum sie diese Beschäftigung aufgenommen hat. Dass Magda »eigentlich« etwas anderes als eine Haushaltshilfe ist – eben Designerin –, wird manchmal auch in den Familien deutlich, wenn sie mit wenigen Mitteln Adventsdekoration im Haus erstellt, besonderen Tischschmuck für Familienfeiern beiträgt oder davon erzählt, dass sie eine Kunstausstellung besucht. Sie hätte sich gefreut, wenn ihre Ausbildung und ihre berufliche Erfahrung auch gewürdigt werden würden. Aber: Die deutschen Familien sehen nur sich und ihre Sachen.

Fragt man Magda danach, ob ihr jahrelanges Engagement in Deutschland in der eigenen Familie gewürdigt wird, unterscheidet sie deutlich zwischen ihren erwachsenen Kindern, die auch schon eigene Kinder haben, und ihrem Mann: Sohn und Tochter wissen zu schätzen, dass die Mutter diese Tätigkeit in deutschen Familien ausübte, damit sie studieren und gute Berufe ergreifen konnten. Magdas Tochter lebt mittlerweile in England, wo sie als Ergotherapeutin besser verdienen kann als in Polen.

Magdas Mann hingegen sieht – so empfindet sie es zumindest – ihre Aufenthalte in deutschen Familien kritisch. Er hätte seine Frau gerne zu Hause, möchte, dass sie den gemeinsamen Haushalt führt, insbesondere kocht und viele Zeit mit ihm verbringt – was sie alles macht, wenn sie in Polen ist. Dadurch fühlt sie sich manchmal zerrissen. Schließlich war es ursprünglich das berufliche Ergehen ihres Mannes, was zur ersten Aufnahme der Tätigkeit in Deutschland führte. Ihre Tochter erzählt noch heute, wie sie als Kinder mit dem Vater im Wald Holz gesammelt haben, um heizen zu können.

Wenn die Rede auf die Zukunft kommt, wenn die Frage entsteht, mit welcher Perspektive sie diese Arbeit fortsetzen will, verweist Magda auf die ausstehenden Arbeiten am gemeinsamen Haus in Polen: Wenn die Isolierung abgeschlossen ist und das Dach neu gedeckt sein wird, dann wird sie wahrscheinlich aufhören. Wahrscheinlich – es ist eben auch gutes Geld, das sie in Deutschland verdient. Im Gespräch mit anderen Polinnen, die durchaus auch über ihre Lebensform unglücklich sind, betont Magda immer wieder, dass sie diese Arbeit mag. Die zwölf Jahre – so sagt sie – sind für sie eine sehr sinnvolle Zeit: Sie hat viel erlebt, ist vielen Menschen begegnet, hat Deutschland und die deutsche Sprache kennengelernt, konnte ihre Familie unterstützen, streng genommen sogar ernähren. Manchmal wirkt Magda müde, dann sagt sie: Es ist schon eine lange Zeit, die ich so lebe.

Gleichzeitig hat sie schon den nächsten Flug von Krakau in »ihre« Stadt in Deutschland gebucht, denn es steht schon fest, wann sie nach dem nächsten Aufenthalt zu Hause wieder hierher zurückkommt. Hier bringt sie ihr Organisationstalent zum Einsatz: Schon lange hat sie ausgerechnet, dass Fliegen für sie finanziell und ohnehin zeitlich günstiger ist als die klassischen Busfahrten, mit denen ihre »Kolleginnen« nach Deutschland kommen. Konkret sieht das so aus: mit der Maschine, mit der Magda aus Deutschland fliegt, ist kurz zuvor ihre Schwester gelandet – ihre Tandempartnerin im inzwischen bewährten Versorgen alter Menschen in Deutschland.

Mittel- und osteuropäische Migrantinnen in häuslichen Pflegearrangements – Unterstützungsmöglichkeiten und Kooperation seitens ambulanter Pflegedienste

Jasmin Kiekert und Nausikaa Schirilla

Unabhängig von der ausgesprochen heterogenen Ausgestaltung des vertraglichen und rechtlichen Status sind die Arbeits- und Lebensbedingungen der Betreuungskräfte in der Versorgung älterer Menschen im Privathaushalt rechtlich problematisch, tendenziell prekär und mit sehr vielen Belastungen verbunden. Das Pflegesetting aus Angehörigen, Betreuungskräften und einer meist reduzierten Präsenz der Pflegedienste wirft auch aus pflegerischer und ethischer Perspektive viele Fragen auf.

Das im IAF der Katholischen Hochschule Freiburg von 2014– 2017 durchgeführte Projekt EUMIP (Entwicklung, Erprobung, Verbreitung von Unterstützungsstrukturen für in Haushalten pflegebedürftiger älterer Menschen tätige mittel- und osteuropäische Migrantinnen) zielte darauf ab, zur Klärung zumindest einiger Fragen beizutragen und Verbesserungsperspektiven für die ambulanten Pflegedienste aufzuzeigen. Zentrale Ergebnisse dieses Projekts werden im Folgenden vorgestellt.

Die Anbindung des Projekts an die Pflegedienste ergab sich aus der Tatsache, dass keinerlei bundesweite institutionalisierte Unterstützungsangebote für die Betreuungskräfte existieren. Als wichtigste Unterstützungsmöglichkeit ist das Projekt »Faire Mobilität« des Deutschen Gewerkschaftsbundes (DGB) zu nennen, das allerdings nicht auf Pflege begrenzt ist und sich generell an Arbeitskräfte, die die EU-Freizügigkeit in Anspruch nehmen, richtet (www.faire-mobilitaet.de). An einigen Orten wurden begrenzte Beratungsprojekte durchgeführt, die dann über Stellen zu Menschenhandel oder Frauenarbeit verändert und verstetigt wurden (beispielsweise https://www.diakonie-heilbronn.de/was-wir-bieten/unsere-abteilungen/mitternachtsmission.html). Darüber hinaus sind die begleiteten

Vermittlungen von Betreuungskräften in einer Festanstellung über die beiden großen Wohlfahrtsverbände Caritas und Diakonie zu erwähnen, die es in vielen Orten gibt und die ein Beratungsangebot vorhalten (www.faircare.de, www.carifair.de). Diese stellen jedoch kein bundesweites Angebot dar. Des Weiteren könnten Betreuungskräfte die Migrationsberatung für Erwachsene, MBE, ein bundesweites Angebot in Trägerschaft der Wohlfahrtsverbände (www.bamf.de), in Anspruch nehmen. Es gibt aber keine empirische Grundlage, anzunehmen, dass dies geschieht. Belegt, aber wenig erforscht, ist, dass es einen regen Austausch zwischen Betreuungskräften in den sozialen Medien gibt und einige Formen der Selbstorganisation, wie beispielsweise die Schweizer Gruppe »Respekt« (Schilliger 2015).

Die meisten ambulanten Pflegedienste sind jedoch durch ihre Tätigkeit in den Haushalten Pflegebedürftiger direkt im Kontakt mit Betreuungskräften, und zumindest informelle Kontakte sind nahezu ausnahmslos vorhanden. Die Pflegedienste sind hinsichtlich der Anforderungen an die Betreuungskräfte am besten in der Lage, diese im realen Tun zu unterstützen, und ihr Verhältnis ist für den potenziellen Unterstützungsbedarf von immanenter Bedeutung.

Daher werden wir in dem Beitrag folgendermaßen vorgehen: Zunächst wird kurz auf den Forschungsstand zum Verhältnis professionelle Pflege – Betreuungskräfte eingegangen, dann werden das Forschungs- und Entwicklungsprojekt EUMIP allgemein und anschließend die Teilstudie zu Betreuungskräften und ambulanten Pflegediensten im Besonderen dargestellt. Von den Ergebnissen der Teilstudie werden die Aspekte präsentiert, die für die Thematik der Kooperation und Unterstützungsmöglichkeiten relevant sind. Abschließend werden zusammenfassend Ergebnisse des Projekts vorgestellt und auf weitere Forderungen verwiesen.

Zum Forschungsstand

Die Fachliteratur zu der Thematik ist auf pflegerische, rechtliche, Migrations- und Genderfragen fokussiert (beispielsweise soziologische Aspekte Lutz 2018; zum Pflegeverständnis Kniejska 2016; zu den Arbeitsverhältnissen Emunds 2016; Scheiwe/Krawietz 2014). Die Perspektive der ambulanten Pflegedienste ist wenig erforscht.

Diese wurde bei Neuhaus, Isfort und Weidner vom Deutschen Institut für Pflegeforschung (DIP) 2009 in ihre Studie mit einbezogen. Die Autor*innen weisen darauf hin, dass das größte Potenzial für Fehler und Risiken in der pflegerischen Versorgung dann besteht, wenn die Einsätze ambulanter Pflegedienste reduziert werden. Des Weiteren wurde deutlich, dass die Zusammenarbeit zwischen Betreuungskräften und Pflegedienstmitarbeiter*innen auf einer Trennung von Grund- und Behandlungspflege beruhen kann.

Aus den verschiedenen Gutachten und Studien der Autor*innen des DIP (Isfort et al. 2011; Isfort/Malsburg 2014, 2016) ergeben sich folgende Einschätzungen hinsichtlich der professionellen Pflege und der Betreuungskräfte: Ambulante Pflegedienste sind involviert bei der Hinzuziehung von Betreuungskräften, erhalten Vermittlungsanfragen von Angehörigen und müssen sich positionieren, die Betreuungskräfte stellen jedoch keine Konkurrenz für sie dar. Auch wenn Verträge wegbrechen, besteht eine mehr als ausreichende Nachfrage nach den Leistungen der Pflegedienste. Eine Arbeitsteilung besteht insofern, als die tägliche Unterstützung, wie grundpflegerische Versorgung, Haushaltsführung und Tagesstrukturierung, von Betreuungskräften übernommen wird, und der Pflegedienst die Behandlungspflege übernimmt. Das System stellt oft die einzige Möglichkeit dar, im häuslichen Umfeld zu verbleiben. Klare Konzeptionen einer Kooperation gibt es in der Regel aber nicht. Von den Pflegediensten wird es als problematisch eingeschätzt, wenn es sich um eine illegale bzw. irreguläre Tätigkeit handelt, die Deutschkenntnisse der Betreuungskräfte unzureichend sind und wenn grundlegende pflegefachliche Kenntnisse nicht vorhanden sind. Aus finanziellen Gründen können Pflegedienste eine pflegefachliche Begleitung aber nicht leisten.

Das Forschungs- und Entwicklungsprojekt EUMIP

Das Forschungs- und Entwicklungsprojekt EUMIP wurde am IAF der Katholischen Hochschule Freiburg 2014–2017 mit dem Ziel durchgeführt, die Lebens- und Arbeitssituation für Migrantinnen in häuslichen Pflegearrangements zu erforschen, Unterstützungsstrukturen zu entwickeln und zu erproben. Mit dem Fokus auf den Zugang zu den Betreuungskräften über die ambulanten Pflegedienste wurde das Projekt in Kooperation mit Wissenschaft-Praxis-Partnern aus dem Bereich der ambulanten Pflege, der Pflegeausbildung und migrationsspezifischen Stakeholdern an zwei Modellstandorten umgesetzt, in Frankfurt a. M. und in Freiburg bzw. dem Landkreis Breisgau-Hochschwarzwald. In dem Projekt wurde das gesamte Pflegesetting in den Fokus genommen. In einer Forschungsphase wurden multiperspektivisch Sichtweisen und Bedarfe von Migrantinnen, Angehörigen und Mitarbeitenden von Pflegediensten mittels leitfadengestützter problemzentrierter Interviews erhoben. Die Rolle möglicher Anlaufstellen und der Vermittlungsdienste wurden in quantitativen Studien untersucht. Qualitative Teilstudien wurden durchgeführt zu ambulanten Pflegediensten, Angehörigen und den Betreuungskräften selbst. Die Leitung hatte Nausikaa Schirilla inne, die Daten wurden von den Mitarbeiterinnen Jasmin Kiekert und Patrycja Kniejska erhoben und ausgewertet, eine Zusammenfassung der Forschungsergebnisse sowie alle Produkte sind auf der Website der Katholischen Hochschule Freiburg abrufbar (https://www.kh-freiburg.de/de/forschung/forschungsprojekte/abgeschlossene-forschungsprojekte/eumip).

Teilstudie zu Betreuungskräften und ambulanten Pflegediensten

Für diese Teilstudie wurden zehn qualitative leitfadengestützte Interviews mit Pflegekräften in den Modellregionen durchgeführt, sie wurden über die Projektpartner oder über eigene Verbindungen kontaktiert. Die Auswertung erfolgte mithilfe der qualitativen Inhaltsanalyse nach Mayring. Orientiert am Fragebogen wurde ein Codesystem erstellt. Aus den Interviews ließen sich acht Kategorien ableiten.

Im Folgenden werden die für diesen Beitrag relevanten Kategorien Kooperation und Unterstützungsbedarfe aus Sicht ambulanter Pflegedienste dargestellt. Die Begriffe »ambulanter Pflegedienst« und »Sozialstation« werden im Beitrag synonym verwendet.

Ausgewählte Ergebnisse der Teilstudie

Deutlich wurde, dass alle befragten Pflegedienstmitarbeiter*innen aktuell oder in jüngster Vergangenheit mit Betreuungskräften Kontakt hatten. Die Eindrücke, Wahrnehmungen und Interaktionsmöglichkeiten zeugen jedoch von einer breiten Spannweite von Beziehungsqualität sowie verschiedenen Unterstützungsbedarfen.

In dem Setting bestehen zahlreiche informelle und formelle Kontakte zwischen beiden Akteur*innen. Einige Pflegedienste berichten, dass die Kontakte nur informell sind, sich die Begegnung mit Betreuungskräften auf das Türöffnen beschränkt und kein Austausch stattfindet. Der quantitativ geringste informelle Kontakt steht im Zusammenhang mit den halbjährlichen Beratungseinsätzen nach § 37.3 SGB XI. Pflegedienste nehmen wahr, dass Betreuungskräfte im Einsatz sind, haben aber keinen Kontakt und wissen nichts Näheres.

Unter formellen Kontakten werden hingegen Absprachen zwischen Pflegediensten und Betreuungskräften verstanden, die sich auf pflegerische Tätigkeiten beziehen. Einige Pflegedienste berichten, dass in manchen Fällen der Kontakt im Rahmen formeller Absprachen gut funktioniere und dass auch prophylaktische Maßnahmen durch Betreuungskräfte so durchgeführt werden. Des Weiteren gaben Sozialstationen an, dass die Bereitstellung von Materialien durch Betreuungskräfte durchgeführt wird, Botengänge zum Arzt oder zur Apotheke. Einige Pflegedienste formulierten auch, dass Betreuungskräfte ihnen berichten, was sich seit dem letzten Einsatz des Pflegedienstes im Hinblick auf den Zustand oder sonstige besondere Vorkommnisse ereignet hat. Je klarer die Absprachen sind und die Aufgabenteilung zu Beginn geregelt ist, umso besser gestaltet sich der Kontakt zwischen den Beteiligten.

Bei manchen Patient*innen wird mit den Angehörigen vereinbart, dass Pflegedienst und Betreuungskraft gemeinsam die Grundpflege sowie den Transfer gestalten. Der Pflegedienst führt in diesen Settings eine Kontrollfunktion aus. Die Gestaltung der Einarbeitung und Anleitung einer Betreuungskraft wird mit Angehörigen abgesprochen, danach sind die Sozialstationen häufig nur noch ein Mal pro Woche vor Ort.

Vereinzelt wurde berichtet, dass Angehörige die Einsätze der Pflegedienste beenden, wenn Betreuungskräfte die Grundpflege übernehmen. Eine Einweisung durch den Pflegedienst ist dort nicht vorgesehen. Die meisten Pflegedienste weisen Angehörige auf die Trennung zwischen professioneller Pflege und Betreuung durch Betreuungskräfte hin, insbesondere in Settings mit demenzieller Erkrankung. Einerseits liegt dies im Interesse der Pflegedienste, um im Einsatz zu bleiben, andererseits ist ihnen das Wohl der Patient*innen aus professioneller Sicht wichtig.

Eine Information des Pflegedienstes durch die Angehörigen über die Hinzuziehung einer Betreuungskraft findet nicht immer statt. Einige Pflegedienste gaben auch an, dass sie Ansprechpartner für die Patient*innen und deren Unzufriedenheit mit Betreuungskräften sind. Die Kritik geben sie an Angehörige weiter. Des Weiteren geben Pflegedienste an Angehörige weiter, wenn sie Übergriffigkeit durch Betreuungskräfte wahrnehmen. Der Einsatz in dieser Vermittlerrolle ist jedoch unterschiedlich ausgeprägt und stark vom Individuum abhängig.

Die Pflegedienste gaben hinsichtlich Barrieren aufseiten der Betreuungskräfte an, dass vorrangig mangelnde Deutschkenntnisse eine gute Kooperation verhindern. Manchmal bestehen unterschiedliche Auffassungen von »richtiger« Pflege und es entsteht ein Kompetenzgerangel.

Einen weiteren Aspekt sahen Sozialstationen in den Kosten für eine fachgerechte Einweisung der Betreuungskräfte durch den Pflegedienst. In gut funktionierenden Settings liegt eine gute Verzahnung vor und Tätigkeiten werden gemeinsam bewältigt. Absprachen und Aufgabenteilung funktionieren gut. Die Arbeitsteilung beinhaltet auch vor- und nachbereitende Tätigkeiten, die durch Betreuungskräfte getätigt werden. Das angelernte und vermittelte Wissen des Pflegedienstes wird von der Betreuungskraft tagsüber angewendet. Bei hohem Pflegebedarf wird gemeinsam gepflegt und Betreuungskräfte unterstützen beim Transfer. Vor allem, wenn die Betreuungspersonen konstant sind, stellen sich Kontinuität und Routinen ein, die ein gutes Miteinander befördern. Nur so ist die ambulante Situation aufrechtzuerhalten.

Pflegedienste nehmen aber die illegalen Arbeitsanforderungen und hohen Belastungen für die Betreuungskräfte wahr, unterbreiten Angehörigen auch Vorschläge zur Entlastung der Betreuungskräfte, indem stundenweise Personal über den Pflegedienst oder kooperierende Dienste wie Nachbarschaftshilfen im Haushalt tätig werden, um Freizeit zu gewährleisten. Die unhaltbare Arbeitssituation und Belastungen werden von Sozialstationen auch als ein Ausdruck mangelnder Wertschätzung der Pflegearbeit betrachtet. Illegale Beschäftigungen von Betreuungskräften werden generell abgelehnt.

Probleme im Pflegesetting
Trotz des Hinweises auf die Unverzichtbarkeit des Konzepts Betreuungskraft wurden auch Probleme im Pflegesetting deutlich. Pflegedienste berichteten beispielsweise, dass sie im Rahmen nicht legaler Beschäftigung vollständig aus dem Einsatz entfernt wurden. Die Arrangements für die Betreuungskraft werden häufig unter hohem Zeitdruck installiert. Eine adäquate Einweisung einer Betreuungskraft benötigt Zeit und finanzielle Ressourcen, die nach Ansicht des Großteils der Pflegedienste aus der Pflegeversicherung finanziert werden sollten. Das mangelnde pflegefachliche Wissen führt mitunter zu Pflegefehlern wie Dekubiti (Druckgeschwüre durch langes Liegen), Kontrakturen und Mangelernährung. Der mangelnde Einsatz vorhandener Hilfsmittel oder ein fachlich falscher Umgang gefährdet Patient*innen und entwürdigt diese.

Betreuungskräfte entwickeln Burn-out und Depressionen infolge der belastenden Arbeitsbedingungen und Isolation. Die Überforderung kann sich letztlich auch in psychischer und physischer Gewalt gegenüber den Pflegebedürftigen äußern. Auch nächtliche Unruhe vieler Demenzpatient*innen führt zu einer Überforderung der Betreuungskräfte, die oft nicht auf das Krankheitsbild vorbereitet sind. Aber die permanente Betreuung Demenzkranker wird von den Pflegediensten überwiegend positiv betrachtet. Auch hier wird eine Trennung der Tätigkeit als Modell vertreten, die Pflege durch einen Pflegedienst erbringen zu lassen und die Betreuung durch eine Betreuungskraft.

Die Behandlungspflege muss durch examinierte Kräfte vorgenommen werden und darf nicht an Betreuungskräfte übergehen, hier sehen sich alle Sozialstationen absolut in ihrer Professionalität.

Einige Pflegedienste sehen in dem Setting Aufgaben an sich herangetragen, die sie nicht übernehmen wollen, aber aus verschiedensten

Gründen dennoch übernehmen. Zentral ist hier das Interesse an einer guten Pflege und am Verbleib der Patient*innen im häuslichen Umfeld.

Unterstützungsbedarfe

Die meisten Sozialstationen gaben an, dass sie wenig über Betreuungskräfte wissen, über deren Fähigkeiten und Wissen. Hier würden sie sich mehr Hintergrundinformationen im Austausch mit vermittelnden Organisationen wünschen. Die Sozialstationen gaben mehrheitlich an, dass Betreuungskräfte, die in Haushalten aktiv werden, pflegerische Kompetenzen aufweisen sollten. Andere Sozialstationen wünschen sich von der Politik mehr Ressourcen für die Pflege, um einen würdigen Umgang mit Pflegebedürftigen gestalten zu können und deren Lebensleistung zu würdigen. Die meisten Pflegedienste thematisierten die Notwendigkeit einer Zusammenarbeit zwischen sich und den Betreuungskräften, um die ambulante Versorgung zu realisieren.

Manche Pflegedienste gaben an, dass Angebote für Sozialstationen zur Sensibilisierung gegenüber der Situation von Betreuungskräften dazu beitragen könnten, die eigene Wahrnehmung gegenüber Betreuungskräften zu verändern. Die meisten Pflegedienste gaben jedoch an, kein Konzept für den Umgang mit Betreuungskräften zu haben und sich zwischen Abgrenzung und einem bestmöglichen Ergebnis zu bewegen.

Alle Sozialstationen führten an, dass eine Verbesserung der Deutschkenntnisse und das Wissen um pflegerische Kenntnisse, insbesondere zu Prophylaxen und Ernährung, für Betreuungskräfte wichtig wären und hier erheblicher Unterstützungsbedarf herrsche. Mehrheitlich befürworten Sozialstationen die Einführung von Qualitätsstandards in den Settings und plädieren für verpflichtende Schulungen. Insbesondere im Bereich Demenz sehen sie erheblichen Schulungsbedarf hinsichtlich Symptomatik und Ausprägung des Krankheitsbildes.

Viele Sozialstationen befürworten Austauschmöglichkeiten und Treffpunkte für Betreuungskräfte, um mit Kolleg*innen ins Gespräch zu kommen und um soziale Kontakte zu ermöglichen.

Auch vonseiten der Betreuungskräfte wurden ähnliche Unterstützungsbedarfe formuliert, wie aus der Teilstudie Betreuungskräfte hervorging. Auch wenn in den Interviews deutlich wird, dass das Konzept ambulanter Pflegedienst vielen Betreuungskräften fremd ist und die zeitliche Begrenzung der Einsätze und die ausführliche Dokumentation kritisiert werden, berichten doch viele von einer positiven Aufgabenteilung und Kooperation. Sie geben an, von den Pflegediensten zu lernen, und fordern mehr Wissen für sich, vor allem über Demenz, sowie Austauschmöglichkeiten mit anderen Betreuungskräften vor Ort und generell mehr Respekt und Wertschätzung (vgl. Schirilla 2019).

Ergebnisse des Projekts EUMIP

Im Rahmen des Projekts wurde die Konzeption einer Begleitung der Betreuungskräfte durch den Pflegedienst erstellt und es wurden verschiedene Versuche unternommen, über den Pflegedienst Austausch- und Vernetzungstreffen zu initiieren. Aufgrund der begrenzten zeitlichen Ressourcen sowohl der Pflegedienste als auch der Betreuungskräfte blieben diese Ansätze aber auf der Entwurfsebene und konnten nicht umgesetzt werden. Im Rahmen des Projekts konnte ein Austauschtreff, verbunden mit pflegerischen Schulungen über eine muttersprachliche Gemeinde realisiert werden. Umgesetzt wurde im Projekt die Entwicklung von Informationsmaterialen für die verschiedenen Akteur*innen im Setting, die Transparenz herstellen und die Möglichkeit der Perspektivenübernahme befördern sollten.

Die Erkenntnis, dass die Pflegedienste zwar den Zugang zu den Betreuungskräften haben, aber aufgrund der prekären Personalsituation und Ausstattung nicht über die Ressourcen für eigene Angebote verfügen, stellt ein wichtiges Projektergebnis dar. Daher wurde dazu übergegangen, Module für die Pflegeausbildung zu entwickeln, um auf diese Weise für eine verbesserte Kooperation zu sensibilisieren. Diese wurden in Altenpflegeschulen durchgeführt und evaluiert. Das Modul wurde als positiv und gewinnbringend wahrgenommen.

Abschließend seien einige Thesen und weiterführende Überlegungen genannt, die aus der Teilstudie hervorgehen: Es ist übergeordnet die Aufgabe der Politik und der Rechtsprechung, einen Rahmen zu schaffen, damit potenzielle Lösungen oder Maßnahmen und letztlich weitere theoretische Debatten und Desiderate möglich werden.

Anforderungen

Aus der Kritik der professionellen Pflege an der mangelnden Kontrolle der häuslichen Settings folgt, dass es Anforderungskriterien für Betreuungskräfte in den häuslichen Settings geben muss – hinsichtlich der Deutschkenntnisse, pflegerischer Kenntnisse, Unterkunft und Einarbeitung sowie rechtlicher Vertragsgestaltung.

Das Implementieren von Treffpunkten für Betreuungskräfte, in denen eine sozialpädagogische Fachkraft als Ansprechpartnerin fungiert, würde gegen die Isolation der Kräfte wirken. Austausch über rechtliche und fachliche Fragen sowie Lern- und Informationsmöglichkeiten, die bereits in den sozialen Medien stattfinden, könnten gezielt erfolgen. Des Weiteren würden Anreize für Angehörige geschaffen, feste Strukturen für Freizeit zu ermöglichen und gezielt andere soziale Dienste wie Nachbarschaftshilfen und Tagespflege zu nutzen oder selbst zu diesen Zeiten die Pflege und Betreuung zu übernehmen.

Die Verwendung des Pflegegeldes wird nicht kontrolliert, wodurch informelle Arbeitsarrangements begünstigt werden. Die Schließung dieser Lücke würde eine formelle Beschäftigung befördern und damit einhergehend eine Sicherung der Betreuungskräfte im Hinblick auf Versicherungsschutz bedeuten. Die halbjährlichen und angekündigten Kontrollen, gem. § 37.3 SGB XI, sind ein nicht ausreichendes Instrument zur Sicherung der Pflegequalität. Daher wurde auch in den Interviews gefordert, dass es eine Überprüfung der Verwendung des Pflegegeldes geben müsse.

Die professionelle Anleitung durch examinierte Kräfte ist zur Sicherung der Qualität dringend erforderlich. Eine verpflichtende Einführung flankierender Maßnahmen würde die professionelle Pflege aufwerten und qualitätssichernd wirken. Einen ersten Schritt in diese Richtung stellen Mindestkriterien dar, wie beispielsweise eine Verpflichtung zu Grundaufgaben durch den Pflegedienst wie die »große Toilette«, um Pflegemängeln vorzubeugen und die Betreuungskräfte zu entlasten. Es wird deutlich, darauf sei abschließend hingewiesen, dass, auch wenn es Handlungsbedarf und Ideen gibt, letztlich die Politik gefordert ist, damit diese umgesetzt werden können.

Literatur

Emunds, B. (2016): Damit es Oma gutgeht. Frankfurt a. M.
Emunds, B./Schacher, U. (2012): Ausländische Pflegekräfte in Privathaushalten. Frankfurter Arbeitspapiere zur gesellschaftsethischen und sozialwissenschaftlichen Forschung, Heft 61. Frankfurt a. M.
Isfort, M./Weidner, F./Neuhaus, A./Brühe, R./Kraus, S./Köster, V./Gehlen, D. (2011): Zur Situation des Pflegepersonals in deutschen Krankenhäusern. Ergebnisse des Pflege-Thermometers 2009. In: Pflege& Gesellschaft, Jg. 16, H. 1, S. 5–19.
Isfort, M./Malsburg von der, A. (2014): Evaluation des Projektes Heraus aus der Grauzone – Qualitätsgesicherter Einsatz polnischer Haushaltshilfen in deutschen Familien mit pflegebedürftigen Angehörigen. Hg. v. Deutsches Institut für angewandte Pflegeforschung e. V. (DIP). Köln.
Isfort, M./Malsburg von der, A. (2017): Gutachten. Privat organisierte Pflege in NRW: Ausländische Haushalts- und Betreuungskräfte in Familien mit Pflegebedarf im Auftrag des Ministeriums für Gesundheit, Emanzipation, Pflege und Alter des Landes Nordrhein-Westfalen. Düsseldorf, www.mgepa.nrw.de/publikationen, Zugriff am 04.07.2019.
Isfort, M./Rottländer, R./Gehlen, D./Tucman, D./Hylla, J. (2016): Pflege-Thermometer 2016. Eine bundesweite Befragung leitender Pflegekräfte in der ambulanten Pflege. Hg. v. Deutsches Institut für angewandte Pflegeforschung e. V. (DIP). Köln.
Isfort, M./Weidner, F./Malsburg, A. von der/Lüngen, M. (2012): Mehr als Minutenpflege. Was brauchen ältere Menschen, um ein selbstbestimmtes Leben in ihrer eigenen Häuslichkeit zu führen? Bonn.
Kniejska, P. (2016): Migrant Care Workers aus Polen in der häuslichen Pflege. Zwischen familiärer Nähe und beruflicher Distanz. Wiesbaden.
Lutz, H. (2018): Die Hinterbühne der Care-Arbeit. Weinheim.
Neuhaus, A./Isfort, M./Weidner, F. (2009): Situation und Bedarfe von Familien mit mittel- und osteuropäischen Haushaltshilfen (moH). Deutsches Institut für angewandte Pflegeforschung e. V. (DIP). Köln, https://www.dip.de/fileadmin/data/pdf/material/Endbericht_Haushaltshilfen.pdf, Zugriff am 04.07.2019.
Scheiwe, K./Krawietz, J. (Hg.) (2014): (K)Eine Arbeit wie jede andere? Die Regulierung von Arbeit im Privathaushalt. Göttingen.
Schilliger, S. (2015): »Polnische Care-Arbeiterinnen in der Schweiz organisieren sich selbst« In: Staat und Res Publicae: 164–169.
Schirilla, N. (2019): Unterstützungsstrukturen für mittel- und osteuropäische Betreuungskräfte in Privathaushalten zur Versorgung älterer pflegebedürftiger Menschen. In: Rudolph, C./ Schmidt, K. (Hg.): Interessenpolitik und Care. Voraussetzungen, Akteure und Handlungsebenen. Münster.

Dorota
Barbara Städtler-Mach

»Ich habe mich schon auf Herrn X gefreut«, sagt Dorota, wenn sie wieder zum Einsatz in die Familie X kommt. Sie wechselt sich seit über zwei Jahren in der Betreuung von Herrn X ab und mag ihn – so sagt sie – gerne leiden. Er erinnere sie an ihren Großvater, den sie gerne mochte und an den sie manchmal denkt, wenn sie Herrn X versorgt. Herr X sei auch so freundlich und bescheiden, wie ihr Großvater das war. Dorota mag freundliche und bescheidene Menschen, sie ist selbst auch so.

Das Leben hat ihr – jetzt 45 Jahre alt – schon viel abverlangt. Sie hat früh geheiratet, ohne selbst eine Berufsausbildung abgeschlossen zu haben. Die kurze Ehe war davon geprägt, dass ihr Mann an einer sehr seltenen chronischen Krankheit litt, die ihn bald berufsunfähig und pflegebedürftig werden ließ. Dorota hat eine Tochter aus dieser Ehe, Agnieszka, ihr ganzer Lebensinhalt und großer Stolz. Durch die Erkrankung des Mannes kann er nicht mehr arbeiten, hat praktisch keinen Rentenanspruch, sodass die kleine Familie an der Grenze der Armut in Polen lebte.

Als Agnieszka vier Jahre alt ist, wird bei ihr die gleiche chronische Krankheit wie bei ihrem Vater diagnostiziert. Inzwischen ist die medizinische Behandlung auch in Polen fortgeschritten, sodass für das Kind eine bessere Therapie als für den Vater zur Verfügung steht. Ein Jahr nach der Diagnose der Krankheit bei Agnieszka verstirbt ihr Vater. Dorota, ohne Beruf und ohne Witwenrente, ist praktisch mittellos. Eine Unterstützung durch die Herkunftsfamilie ist nicht möglich. Als sie aus der Wohnung ausziehen muss, weil sie die Miete nicht mehr zahlen kann, steht ihr – so nennt sie das – ein Leben auf der Straße bevor. Ihre Zuflucht ist die Kirchengemeinde. Dorota ist evangelisch, was in Polen bedeutet, zu einer extremen

Minderheit zu gehören, die stark zusammenhält und sich auch in sozialen Belangen stützt. Dorotas Pfarrer kennt die Familie und ihre Sorgen und lässt ihr immer wieder Spenden zukommen, die er aus Deutschland erhält. Dieser Pfarrer und seine Familie sind es auch, die Dorota und Agnieszka aufnehmen, als sie – gerade wohnungslos geworden – zu ihm kommen. Um Dorota nicht zu sehr das Gefühl von »Almosen« zu geben, bietet er Dorota eine Arbeitsmöglichkeit in der Gemeinde an, erst als Putzkraft, dann als Verwaltungshilfe. Agnieszka kann, wenn es ihr gesundheitlicher Zustand erlaubt, unentgeltlich in den kirchlichen Kindergarten gehen.

Die Schuljahre der Tochter bringen Besserung in den finanziellen Verhältnissen durch kleine Jobs für Dorota sowie die Möglichkeit einer eigenen kleinen Wohnung. Agnieszka entwickelt sich trotz ihrer Krankheit gut, wohl versorgt durch die Fürsorge ihrer Mutter, die zuverlässige Kontrolle der erforderlichen Medikamentengabe und die regelmäßigen Gänge zu ärztlichen Untersuchungen eingeschlossen. Die schulischen Leistungen der Tochter zeigen, dass sie für Abitur und Studium geeignet ist. Der größte Wunsch Dorotas ist es, ihrer Tochter eine solche Laufbahn zu ermöglichen. Dorota ist mit allen Ausgaben sehr sparsam und gönnt sich praktisch nichts, um Agnieszka zur Schule gehen zu lassen. Als die Entscheidung für Mutter und Tochter ansteht, ob Agnieszka ein Studium aufnehmen soll, entscheidet sich Dorota, als 24-Stunden-Betreuungskraft nach Deutschland zu gehen. Ihr Ziel ist es, diese Tätigkeit so lange auszuüben, bis Agnieszka ihr Studium beendet hat. Wie lange das ist, weiß sie genau: Ein Bachelor-Studium dauert drei Jahre, da hat sie sich schlau gemacht, und diese Zeit wird sie – so sagt sie sich und anderen immer wieder – aushalten. Ihre Herausforderung ist es nicht, andere zunächst wildfremde Menschen in Deutschland zu unterstützen. Für sie besteht das größte Problem darin, so weit weg von ihrer Tochter zu sein. Ausgestattet mit Smartphone und Apps zum schnellen Kontakt meint sie, dass sie die Trennung wohl bewältigen wird.

Dorota erhält durch persönliche Vermittlung eines Bekannten Kontakt zu einem über 90-jährigen Witwer. Bei ihm haben schon verschiedene Polinnen gearbeitet, wobei deutlich wurde, dass der alte Herr grundsätzlich sehr freundlich ist, jedoch als ehemaliger Chef eines Unternehmens keinerlei Bevormundung oder Übergriffe duldet. Wie alle Vorgängerinnen arbeitet auch Dorota bei ihm ohne Vertrag und ohne Sozialversicherung. Dass dies Schwarzarbeit ist, weiß sie, für die Organisation fühlt sie sich jedoch nicht verantwortlich.

Als Dorota das erste Mal in die Wohnung des alten Herrn kommt, bringt sie eine polnische Wurst mit, eine Krakauer vom besten privaten Metzger ihrer Stadt. Sie kennt das so: Bei Besuchen bringt man etwas mit, und ihre Arbeit versteht sie am Anfang wie einen Besuch. Diese Haltung kommt bei dem alten Herrn sehr gut an: Er sieht sich als den Tonangebenden respektiert, sie sieht ihn als ihren Chef und geht auf ihn ein, so gut sie es kann. Sowohl ihre Art der unaufdringlichen Haushaltsführung wie auch ihre polnischen Rezepte für die Mittagessen sorgen für gute Atmosphäre. Dorota und ihr »Chef« mögen sich, das Miteinander klappt. Ihr gefällt es, von ihm akzeptiert und gelobt zu werden.

Es gibt allerdings ein Problem, das Dorota belastet: Sie kann sich nicht mit ihm auf Deutsch verständigen. Zu ihrer Art, mit Menschen umzugehen, gehört aber auch, sich zu unterhalten oder zumindest kleine Sätze auszutauschen. Durch den Kontakt mit anderen Frauen in ihrem Heimatort in Polen erfährt sie von der Möglichkeit, sich eine App zur Übersetzung auf ihr Smartphone zu laden. Mittels dieser technischen Unterstützung beginnt sie, deutsche Worte zu verstehen und zu sprechen. Wirklich Deutsch lernen kann sie dadurch natürlich nicht. Sowohl ihre Sprachfähigkeit als auch die technischen Möglichkeiten der Übersetzung sind begrenzt. Bei den gemeinsamen Mahlzeiten kommt jedoch auf diese Weise immerhin eine Form der Unterhaltung zustande, die ihr selbst Freude macht und durch die geduldige Zuwendung des alten Herrn auch für ihn mehr und mehr Ertrag bringt.

Beide Beteiligte in dieser Konstellation sind sehr zufrieden. Dorota sagt, das Leben mit dem alten Herrn sei für sie ein Zuhause. Sie dekoriert ein bisschen die Wohnung, sorgt für Abwechslung beim Essen mit den jeweiligen Angeboten der Jahreszeiten und gestaltet auch die Umgebung so: Im Frühling verschönert sie den Balkon, weil sie selbst gerne Blumen mag.

Mit Agnieszka ist sie im täglichen Telefonkontakt, hört von den Ereignissen im Studienleben und freut sich an den zunehmenden Erfolgen. Ihr Einkommen bekommt Dorota auf ihren Wunsch wie die meisten Polinnen in barer Münze, jeweils zur Halbzeit und am Ende ihres Einsatzes. Sofort gibt sie das Geld Bekannten mit, die in den kommenden Tagen in ihre Heimat fahren, oder überweist es nach Polen zu Agnieszka. Die Tochter ist es schließlich, für die sie das alles macht. Auf sie ist Dorota voller Stolz, von ihr erzählt sie auch gerne: Agnieszka sei ein »gutes Mädchen«, hat sich prima entwickelt, sei nicht »überspannt« in ihren Erwartungen und bienenfleißig. Neben dem Studium hat sie jetzt noch eine kleine Stelle als Bedienung angetreten. Dorota strahlt, wenn sie von ihrer Tochter erzählt.

Das gute, familiäre Miteinander mit ihrem »Chef« kennt nur eine Trübung: Besuch von außen. In regelmäßigen Abständen kommt die Schwester von Herrn X, gesundheitlich zwar angeschlagen, aber im Umgang sehr dominant, jeweils für einige Tage zu Besuch. Grundsätzlich geht das eingespielte Leben dann auch so weiter, doch für Dorota gibt es Probleme: Dass eine weitere Person Ansprüche stellt, dass die eingeübte Zweisamkeit mit dem alten Herrn durch einen anderen Menschen beeinträchtigt wird, gefällt ihr nicht. Sie sagt selbst, dass sie sich durch die Schwester an die Seite gedrängt fühlt, vielleicht ist sie auch ein bisschen eifersüchtig. Sie bleibt freundlich, kocht und bedient alle in der gewohnten Weise, sehnt sich aber nach der Abfahrt des Besuchs. Dauert der Aufenthalt der Schwester mehrere Tage, wird Dorota ungeduldig, nervös und auch missmutig. So stellt sie sich ihren Einsatz – da kann sie sogar etwas laut werden – nicht vor. Dann kommt auch schon einmal ein Satz zustande, der bei ihr fast wie eine Beschwerde klingt: Sie sei nur für Herrn X, nicht für seine Besuche zuständig. Die Telefonate mit Agnieszka häufen sich, und Dorota klingelt sogar schon einmal bei den Nachbarn, die sie inzwischen auch kennt, um sich ihr Herz etwas auszuschütten. Ihr »Zuhause« in Deutschland besteht – so sieht sie das – nun einmal nur aus Herrn X und ihr.

Wenn sich Dorota bei den Nachbarn verabschieden kommt, bevor sie wieder nach Polen zurückfährt, wirkt sie müde und erschöpft. Die Zeit in dem Haushalt mit Herrn X kam ihr diesmal sehr lange und anstrengend vor. Es wird – so sagt sie – jedes Mal mühsamer. Doch jetzt ist sie vor Reisefieber freudig aufgeregt. »Morgen bin ich wieder daheim, endlich. Ich war schon so lange da.« Sie hat eine volle

Tasche mit Einkäufen für ihre Tochter und sich selbst für die Zeit in Polen bereitgestellt. In Gedanken ist sie schon zu Hause. Für sechs Wochen – bis sie wieder zu Herrn X kommt, der bis dahin schon seinen 95. Geburtstag gefeiert haben wird. Sie hofft, dass er noch lebt, wenn sie wieder zum Einsatz kommt. Wie gesagt, sie mag ihn gerne leiden; er erinnert sie an ihren Großvater.

»Zwischen Pflegeheim und osteuropäischer Betreuungsperson ist quasi nichts« – die Bedeutung der Helfer*innen aus dem Osten aus pflegewissenschaftlicher Sicht

Irena Schreyer

Osteuropäische Betreuungspersonen, die häufig primär als Haushaltshilfen eingestellt werden, übernehmen unterschiedliche Aufgaben. Vom Kochen, Waschen und Putzen gehen die Aufgaben schnell in die Betreuung von pflegebedürftigen Personen über. Welchen Tätigkeiten sich diese Personen im Alltag einer pflegebedürftigen Person widmen und welche Rolle sie dabei im deutschen Gesundheitswesen einnehmen, wird dieser Beitrag darstellen. Dabei wird der Blick in das häusliche Umfeld von pflegebedürftigen Menschen gelegt, die sowohl eine Migrant Care Worker (MCW, meist weiblich) beschäftigen als auch durch einen ambulanten Pflegedienst versorgt werden. Vorab folgt eine Betrachtung der Begriffsbezeichnung für die Haushaltshilfen aus dem Osten.

Betreuungsperson, Haushaltshilfe, 24-Stunden-Pflege, Live-in – was nun eigentlich?

Am bekanntesten sind uns die Personen aus Osteuropa – überwiegend Frauen – von den Werbebannern der Vermittlungsagenturen mit den Überschriften »Rund-um-die-Uhr-Versorgung« oder »24-Stunden-Pflege«. Bezeichnungen wie »Live-ins« und »gute Engel« sind ebenso vertreten. Auch in einer wissenschaftlichen Community, wo unterschiedliche Professionen über osteuropäische Haushaltshilfen sprechen, ist eine einheitliche Definition zur Bezeichnung dieser Personengruppe schwierig. So ist im Forschungsnetzwerk eben dieser Gruppe an der Evangelischen Hochschule Nürnberg aufgefallen, dass eine Bezeichnung viel mit der Perspektive zu tun hat. Aus soziologischer Sicht würde man den Begriff »Live-in« vorziehen und aus juristischer Sicht eher die »24-Stunden-Betreuung«. Da das nachfolgende Kapitel die pflegewissenschaftliche Sichtweise beinhaltet, wird im Folgenden die Bezeichnung »Migrant Care Worker« (abgekürzt MCW) gewählt, was zunächst erläutert werden soll.

Care als Sorgearbeit

Der Ursprung des Begriffs »Care« liegt in der Familie und ist weiblich dominiert. Unter anderem beschreibt Engels zum Ursprung der Familie den Care-Begriff zwischen Produktion und Reproduktion. Der Begriff der Produktion steht dabei unter der Analyse von Kapitalverhältnissen (Engels 1979, S. 27 f.). Der Begriff der Reproduktion wird unter theoretischen Gesichtspunkten des Patriarchats dargestellt (ebd.). Hoberg et al. (2013) dagegen beschreiben den Care-Begriff als Teil der Pflege und ordnen diesen also einer beruflichen Praxis zu, der Elemente wie die Alltagsgestaltung, Hauswirtschaft, Grundpflege und Teilhabe umfasst. Care, also die Sorgearbeit, befindet sich zwischen Erwerbsarbeit und Reproduktionsarbeit. Es geht nicht um die traditionelle Festlegung von Versorgung des eigenen Nachwuchses und der damit verbundenen Tätigkeiten durch die Mutter, sondern um die allgemeine Sorgearbeit gegenüber Menschen, die den Menschen selbst, die Organisation zu gesellschaftlicher Teilhabe (May 2014, S. 13 f.) und Formen der Arbeit, welche im Haushalt zusammenkommen, betreffen. Diese Tätigkeit kann auch durch familienexterne Personen vollzogen werden. Ortner weitet die Definition des Care-Begriffs aus und nimmt die Bedeutung der »Beziehung« mit auf. Dabei stellt sie dar, dass Sorgearbeit nicht von der spezifischen Beziehung zu trennen ist: »[…] spezifische Beziehung zwischen demjenigen, der sorgt, und demjenigen, der versorgt, betreut oder gepflegt wird […]. Sorgearbeit ist vor allem Beziehungsarbeit« (Ortner in May 2014: 16).

Beziehung entsteht, wenn auf Bedarfe eingegangen wird. Aufgaben, wie beispielsweise das Wegräumen/Aufräumen von Dingen, für jemanden zu erledigen, der selbst arbeitsfähig ist, ist etwas anderes als diese Tätigkeit für jemanden, der diese Tätigkeit nicht selbst durchführen kann, auszuführen (Madörin 2007: 143).

Das Erste wäre mit Dienstmädchentätigkeiten zu vergleichen, das Zweite zeichnet sich durch Erkennen des Bedarfes aus, aus dem durch eine Anwendung von Kompetenz eine Handlung folgt (Tronto

1993: 127 ff.). Diese Tätigkeit erfordert Flexibilität und beinhaltet Komplexität, welche im Laufe der Care-Tätigkeit durch den Anstieg von »lebendiger Arbeit« auch ohne Ausbildung ansteigen kann (May 2014, S. 30). Gleichwohl kann Caring unter der Definition von Arbeit und Beziehung durch dominierende Produktionsverhältnisse in den Hintergrund rücken. Das heißt: Je mehr die Tätigkeit an der »Produktion« orientiert ist, desto weniger Raum könnte für Beziehungsarbeit bleiben (Tronto 1993, S. 127 ff.). Obwohl die Care-Arbeit im häuslichen Umfeld durch die räumliche Nähe und ausgeprägte Kontaktphasen eine Beziehungsarbeit induziert, kann die MCW diese durch die Gestaltung des Tagesablaufs und die Vergabe von Wertigkeit der Aufgaben selbst stark beeinflussen. Das bedeutet: Sieht die MCW die Erfüllung ihres Arbeitstages darin, haushaltsnahe Tätigkeiten der sozialen Interaktion mit dem Patienten vorzuziehen, so kann in diesem Fall die Beziehungsarbeit vermutlich nicht so stark fokussiert werden, als wenn die soziale Interaktion Haushaltstätigkeiten vorgezogen wird.

Care und Cure – fließende Übergänge und (un)klare Zuständigkeiten

Die Strukturreform zur Pflege und Teilhabe von Hoberg et al. (2013) verdeutlicht die Unterschiede von Care und Cure. Obwohl sich die beiden Handlungsbereiche aus Care und Cure nicht strikt trennen lassen, haben sie das gemeinsame Ziel der »Pflege«, so die Darstellung von Hoberg et al. (2013). Aus Sicht von professionell Pflegenden ist die Pflege dadurch gekennzeichnet, dass Pflegende Pflegeprobleme definieren und entsprechende Maßnahmen einleiten. Ein Beispiel: Der Patient kann sich nicht selbst waschen (Pflegeproblem). Maßnahme: Unterstützung oder Übernahme der Körperpflege. Eine derartige Herangehensweise wird sich bei der Arbeit einer MCW wohl nicht finden lassen. Wäre ihr Ziel »Herr Weber soll sich wohlfühlen« oder »ich will meinen Arbeitsplatz behalten« – würden auf beide Formulierungen Maßnahmen folgen, die dazu führen, dass sich Herr Weber wohlfühlt.

In der Versorgung von pflegebedürftigen Menschen gibt es nach gesetzlicher Unterteilung in Deutschland für das pflegerische Aufgabengebiet zwei Unterscheidungen: Grundpflege und Behandlungspflege. Beide sind im Sozialgesetzbuch verankert. Die Grundpflege beinhaltet Tätigkeiten wie den Gang zur Toilette, die Körperpflege, die Nahrungsaufnahme u. ä., diese sind im SGB V definiert. In der Behandlungspflege sind Tätigkeiten wie Injektionen, Blutdruckmessung und Wundversorgung eingeschlossen. Diese Tätigkeiten sind nicht explizit in die Pflegeplanung[1] aufzunehmen. Alle Elemente der Behandlungspflege sind ärztlich verordnete Tätigkeiten und somit nach der Durchführung durch die professionell ausgebildete Pflegeperson zu dokumentieren.

Was aber genau gehört eigentlich zur Körperpflege? Im Abrechnungskatalog, den ambulante Pflegedienste verwenden, ist dies klar abgebildet: Eine große Körperpflege (duschen/baden) kostet, wenn sie durch eine Fachkraft ausgeführt wird, 29,19 Euro. Führt eine Hilfskraft eines ambulanten Dienstes diese Tätigkeit aus, werden 20,01 Euro berechnet. Für das An- und Auskleiden rechnet der ambulante Dienst 10,40 Euro ab, wird die Tätigkeit durch eine*n Helfer*in durchgeführt, können 7,13 Euro abgerechnet werden. Zähneputzen und Haarekämmen können ebenfalls vergütet werden. Was aber, wenn die zu pflegende Person gerne mit Körpermilch eingecremt werden will, es hierfür jedoch keine pflegerische Indikation gibt, dies aber zum Wohlfühlen des Pflegebedürftigen beiträgt?

Man merkt schnell, dass scheinbar einfache Versorgungsmaßnahmen sehr komplex werden können. Gleichzeitig verschwimmen hier auch die Grenzen in den Zuständigkeiten der MCW und der professionell Pflegenden. Auch das Beispiel im Bereich der Behandlungspflege lässt Grenzen verschwimmen: Wenn die Pflegeperson des ambulanten Dienstes Medikamente als Wochenration richtet (was klar zu ihren Aufgaben gehört), diese aber von einer MCW zu den Mahlzeiten für die zu betreuende Person bereitgestellt werden, ist eine klare Trennung der Bereiche nicht mehr möglich. Was geschieht, wenn die Medikamente Schwierigkeiten bei der Einnahme bereiten oder der*die Pflegebedürftige diese wieder ausspuckt? Wer reagiert auf dieses Pflegeproblem und wie?

---

1 Die Pflegeplanung beinhaltet, auf Grundlage der bei der Pflegeanamnese erhobenen Daten, geplante Pflegemaßnahmen, welche sich aus festgestellten Pflegeproblemen ergeben.

Der Fall Oskar K.

Oskar ist mit acht Jahren an Kinderlähmung erkrankt. Heute ist er 58. Er ist auf Betreuung und Pflege angewiesen, da er vom Hals an gelähmt ist. Er kann selbst atmen, reagiert auf Ansprache und kommuniziert durch Augenkontakt. Bei fast allen Bereichen, die zu den Aktivitäten des täglichen Lebens zählen, benötigt er Hilfe. Man muss ihm das Essen und Trinken eingeben, ihn zum Schlucken auffordern und rund um die Uhr da sein – falls er wieder starke Spastiken entwickelt und starke Schmerzen hat. Neben der Körperpflege benötigt er Hilfe bei der Ausscheidung. Er braucht viel Zuwendung durch Körperkontakt und Ansprache. Oskar ist sehr wach und langweilt sich im Bett. Er benötigt wie jeder andere Mensch täglich eine Art der Beschäftigung, die er durch Spaziergänge im Rollstuhl erlebt. Er liebt die Musik und kann seine Spastik in Armen und Beinen bei klassischer Musik gut lösen. Seine vertraute Umgebung und bekannte Menschen geben ihm Sicherheit, was ihn vor Stress bewahrt. Anstrengende Situationen äußern sich bei Oskar schnell durch nervöses Zucken am ganzen Körper sowie durch Hautausschläge.

Morgens und abends kommt ein Pflegedienst zu Oskar. Die Pflegenden führen jeden Morgen eine große Körperpflege durch, setzen ihn auf die Toilette, putzen seine Zähne, kämmen ihm die Haare und reden mit ihm. In Oskars Haushalt lebt eine MCW, die außer an einem festen Nachmittag (da kommt für drei Stunden eine Nachbarschaftshilfe) immer bei ihm ist. Die MCW führt für Oskar den Haushalt, kocht, organisiert Arzttermine, geht mit ihm spazieren, liest ihm vor und kümmert sich nebenbei um Oskars an Demenz erkrankten Vater.

Auf die Frage hin, welche Bedeutung die Arbeit der MCW für Oskar hat, antwortete ein Mitarbeiter des Pflegedienstes:

»Oskar war ja auch schon im Heim. Der wurde ja zurückgeholt. Das sowas möglich ist, sowas ist natürlich nur möglich mit Helfern, die von außerhalb dazukommen und ich bin da natürlich froh. In dem Fall ist das ja ein Sonderfall, dass die da schon über Jahre jetzt schon wohnen. Normalerweise ist ja immer alle 3 Monate Wechsel. Da kommt immer

wieder jemand Neues. Muss sich neu zurechtfinden. Der Kunde muss sich wieder auf die einstellen. Das funktioniert oft nicht. Da kommen Leute, die sind demotiviert. Die sitzen nur in der Küche mit der Zigarette und stinken alles voll und können kein Wort Deutsch. Die bemühen sich auch gar nicht. Das ist halt oft so. Nicht oft, aber das gibt's. Und das find ich halt schon tragisch. Das ist auch für die Helfer blöd, wenn se' keinen Willen zur Integration haben. Oder sich auf die Situation einzustellen. Die sehen das teilweise als notwendiges Übel. Aber ich muss sagen, 90 % sind sehr herzlich und bemüht. Viele unserer Kunden erfahren seit Jahrzehnten mal wieder eine Herzlichkeit und eine echte Zuneigung. Weil sie das vorher Jahrzehnte lang nicht hatten. Da kommt jemand, da kommt jemand aus Polen. Osteuropäische Menschen sind oft viel offener. Viel positiver wie wir zum Beispiel. Die kommen, die lachen und dann gibt es gleich mal Küsschen und dann wird gleich mit DU weitergemacht. Und viele mögen das. Viele mögen das vielleicht auch nicht, aber die gewöhnen sich dran. Dass man gleich mit DU weitermacht. Und wir sind da eher ein bisschen reservierter. Für viele ist das neues Leben.

Äh, wenn die Helfer nicht da wären, dann würde das im Fall vom Oskar eigentlich heißen, dass er ins Heim muss. Weil der Oskar ist eigentlich sehr pflegeintensiv. Und er braucht auch diese menschliche Zuwendung. Die braucht eigentlich jeder von uns. Aber er eigentlich noch ein Stück mehr wie andere, weil er noch relativ jung ist. Das ist kein Argument, aber ich hab bei ihm den Eindruck, er geht zugrunde, wenn der niemanden um sich hat, gehen ja viele zugrunde. Das ist halt bei uns in der Gesellschaft so. Beim Oskar, der müsste, der müsste schon ins Heim, oder wir müssten halt fünf Mal am Tag hin (…).

Ja, die Hilfe macht alles. Essen geben. Die Spaziergänge. Im Heim würde dem Oskar dann eine Ernährungssonde gelegt, weil keiner Zeit hat, ihm das Essen zu geben. Da läuft alles über Sonde. Katheter, das hat er eh schon jetzt. (…) Also hat er schon einen Katheter gehabt. Den hat er vom Krankenhaus mitgebracht. Die haben einfach einen Katheter gelegt, weil sie einfach keine Zeit hatten zum Trockenlegen. Was man früher auch nicht gemacht hat, (…) also das ist einfach auch ein Ding vom Pflegenotstand. Die Versorgung wäre viel, viel schlechter. Er hätte keine Spaziergänge mehr, er hätte keine Zuwendung mehr, keine Kommunikation mehr. Oskar würde wahrscheinlich sich zurückziehen,

(…) würde viele verweigern und ja … ich weiß nicht, er wäre wahrscheinlich auch so ziemlich dramatisch dann.«[2]

Für Oskar ist seine Versorgungssituation scheinbar optimal geregelt. Die Tatsache, dass seine MCW über hohe Kompetenzen verfügt und die ganze Situation gut im Blick hat – u. a. Arztbesuche koordiniert und Hilfsmittel besorgt –, trägt zum Erfolg für Oskar und seine Versorgung bei.

Was aber, wenn eine MCW durch häufigen Wechsel des Versorgungsortes oder durch fehlende Personal- oder Sozialkompetenz nicht in der Lage ist, die Situation so gut zu managen, und auf Krisen nicht reagieren kann? Da die Steuerung des Pflegeprozesses als Aufgabe der professionell Pflegenden definiert ist (Krankenpflegegesetz), sollte die Steuerung des Pflegeprozesses auch in den Teilen der Versorgung gesteuert werden, welche nicht explizit von professionell Pflegenden durchgeführt werden. Ein Pflegeprozess sollte all das beinhalten, was zum Wohl des Patienten beiträgt, und somit von professionell Pflegenden überwacht werden (Emunds/Schacher 2012; Rathwallner 2017; Tewes/Stockinger 2014, S. 21 ff.).

Rolle der MCW

Versorgungssaufgaben sind in der Versorgung eines Menschen schwer in Kategorien einzuteilen oder einem bestimmten Versorger zuzuweisen – besonders dann, wenn die Grenzen nicht eindeutig sind. Die von Neuhaus, Isfort und Weidner (2009) befragten Pflegedienste gaben zu ihren angebotenen und durchgeführten Aufgaben an, dass sie zu fast 100 % Tätigkeiten nach SGB V und XI anbieten und ausführen. Diesen folgen Leistungen zur Haushaltsführung. Unentgeltliche Leistungen und zusätzliche Beratung beinhalten diesen hohen Anteil der durchgeführten Tätigkeiten. Zusätzliche Betreuungsleistungen (nach § 45 a-c SGB XII) werden mit etwas unter 80 % von den professionell Pflegenden durchgeführt. Einen ebenfalls hohen Anteil nehmen Schulungen für pflegende Angehörige mit über 60 % ein, ebenso zusätzlich bezahlte Leistun-

---

2 Eigenes Interview (I. Schreyer).

gen (ebd.). Aus diesem Konglomerat unterschiedlicher Tätigkeiten wird sichtbar, dass neben professionellen Pflegeleistungen auch einfache Haushalts- und Betreuungsleistungen in ähnlichem Umfang nachgefragt werden.

So scheint es folgelogisch, wie auch Neuhaus, Isfort und Weidner (2009) aufzeigen, dass einige Pflegedienste MCW gerne einarbeiten und fortbilden würden. Des Weiteren sehen Pflegedienste in den osteuropäischen Versorgungskräften – wobei es positive und weniger gute Kontakte gibt – keine Konkurrenz, sondern erkennen sie vielmehr als notwendig an: »Fände es gut, wenn sich dieses Verhältnis weiterhin verbessern würde, weil: Wir brauchen die, […] in jedem Fall sollte man immer einen Pflegedienst mitreinnehmen, […] jemanden, der sich auskennt«, so zitieren Kiekert und Schirilla (2018) die Aussagen der professionell Pflegenden.

Die rivalitätsfreie Einschätzung professionell Pflegender lässt sich mit dem Bild, das Professionelle von MCW haben, begründen: Diese sehen sie als Laien mit pflegerischen Mängeln an, die unter prekären Arbeitsbedingungen tätig sind und hohe Erwartungen der Angehörigen erfüllen müssen (Kiekert/Schirilla 2018). Weiter geben sie an, dass eine Qualität in der Pflege nicht durch MCW gesichert werden kann, daher sehen sie es als notwendig, dass Fachpersonen zumindest einmal wöchentlich zur großen Toilette anwesend sind (Kiekert/Schirilla 2018: 54). Professionelle sehen durch den Einsatz von MCW eine deutliche Kostenreduktion für das Gesundheitswesen vor allem bei Menschen mit demenziellen Erkrankungen (ebd.). Gleichzeitig ermöglichen sie die heimische Versorgung, erhöhen die Lebensqualität der Betroffenen und sehen die MCW als gute Ergänzung zu ihrer Tätigkeit, wobei sie aber auch auf insgesamt mangelnde Kooperation hinweisen. Die Befragten fordern sowohl Standards für MCW als auch für ihr eigenes Feld im Kontakt mit MCW (Kiekert/Schirilla 2018). Professionell Pflegende schätzen die Belastung von MCW im physischen und psychischen Bereich als sehr hoch ein, welche sie mit der 24-Stunden-Präsenz und einer Überforderung erklären (ebd.).

Die professionell Pflegenden geben an, dass MCW eine Lernbereitschaft zeigen, die sich im Interesse des Spracherwerbs äußert, sowie über gewisse pflegerische Kenntnisse, Krankheitsbilder und am Interesse rechtlicher Bestimmungen. Zur Zusammenarbeit konnten einige Autor*innen aufzeigen, dass es unter allen Aufgaben auch Bereiche klarer Zuständigkeiten der beiden Gruppen gibt (Ostermann 2018; Kiekert/Schirilla 2018; Neuhaus/Isfort/Weidner 2009). Ostermann beobachtet darüber hinaus eine sogenannte »Co-Produktion«, wobei professionell Pflegende nach dem »Rechten sehen« (Ostermann 2018). Tätigkeiten der Grundpflege werden oft gemeinsam durchgeführt, die vor- und nachbereitenden Tätigkeiten geschehen meist zusammen. Viele Pflegepersonen geben an, dass sie MCW oft auf Aufräumarbeiten reduzieren, gleichzeitig aber den Kontakt zu ambulanten Pflegediensten als mehrheitlich gut einschätzen, da dieser von Wertschätzung und Anerkennung geprägt ist.

Die Rolle einer MCW ist aus pflegewissenschaftlicher Sicht erkennbar. Ob man sie als »Co-Worker« betrachtet, als Assistenz bei der Körperpflege oder als wichtige Informationsquelle, wenn es um Veränderungen des Gesundheitszustandes der pflegebedürftigen Person geht, spielt dabei keine prägende Rolle. Wichtig ist jedoch, ihr mit Wertschätzung zu begegnen, um auf kollegialer Ebene mit ihr kommunizieren zu können. Der pflegebedürftige Mensch und seine Familie profitieren durch die Zusammenarbeit, da eine Qualitätssteigerung fokussiert wird. Angesichts der bedeutenden Rolle der MCW wäre es sehr zu begrüßen, wenn diese in der Gesetzgebung, dem Arbeitsrecht und damit in der Politik sichtbar würden.

Literatur

Emunds, B./Schacher, U. (2012): Ausländische Pflegekräfte in Privathaushalten. Abschlussbericht zum Forschungsprojekt. Ausländische Pflegekräfte in Privathaushalten. Frankfurter Arbeitspapiere zur gesellschaftsethischen und sozialwissenschaftlichen Forschung, Heft 61. Frankfurt a. M.

Engels, F. (1884/1979): Der Ursprung der Familie, des Privateigentums und des Staats. Karl Marx/Friedrich Engels Werke, Bd. 21. Berlin.

Hoberg, R./Klie, T./Künzel, G. (2014): Strukturreform Pflege und Teilhabe. Freiburg.

Kiekert, J./Schirilla, N. (2018): Unterschiedliche Sichtweisen – Mittel und Osteuropäischer Betreuungskrägfte in Privathaushalten zur Versorgung älterer pflegebedürftiger Menschen. In: Kricheldorff, C./Himmelsbach, I./

Epe, H. (Hg.): Forschung und Entwicklung im Theorie-Praxis-Dialog. Konstanz, S. 47–63.

Madörin, M. (2007): Neoliberalismus und die Organisation der Care-Ökonomie. Eine Forschungsskizze. In: Denknetz (Hg.): Zur politischen Ökonomie der Schweiz. Eine Annäherung: Analysen und Impulse zur Politik. Zürich, S. 141–162, http://www.denknetz-online.ch/IMG/pdf/Madorin.pdf, Zugriff am 09.10.2018.

May, M. (2014): Auf dem Weg zu einem dialektisch-materialistischen Care-Begriff. Widersprüche. In: Zeitschrift für sozialistische Politik im Bildungs-, Gesundheits- und Sozialbereich, 34 (134), S. 11–51.

Neuhaus, A./Isfort, M./Weidner, F. (2009): Situation und Bedarfe von Familien mit mittel- und osteuropäischen Haushaltshilfen. Deutsches Institut für Pflegeforschung e. V. Köln, https://www.dip.de/fileadmin/data/pdf/material/Endbericht_Haushaltshilfen.pdf, Zugriff am 09.10.2018.

Ortner, I. (2011): Care – eine Schlüsselkategorie sozialwissenschaftlicher Forschung? In: Evers, A. (Hg.): Handbuch Soziale Dienste. Wiesbaden, S. 461–481.

Ostermann, D. (2018): Multirationale Grundfragen im Zusammenwirken von ambulantem Pflegedienst und privat angestellten osteuropäischen Hilfskräften – eine diakoniewissenschaftliche Analyse. Masterarbeit. Kirchliche Hochschule Wuppertal/Bethel – Institut für Diakoniewissenschaft und Diakonie Management (IDM).

Rathwallner, B. (2017): Pflegedienst und 24-Stunden-Betreuerin. Unklare Konstellation. In: Heilberufe/Das Pflegemagazin 69 (5), S. 46–47.

Tewes, R./Stockinger, A. (Hg.) (2014): Personalentwicklung in Pflege- und Gesundheitseinrichtungen. Erfolgreiche Konzepte und Praxisbeispiele aus dem In- und Ausland. Berlin/Heidelberg/New York.

Tronto, J. C. (1993): Moral boundaries. A political argument for an ethic of care. New York.

Katia

Barbara Städtler-Mach

Katia unterscheidet sich von vielen 24-Stunden-Betreuungskräften dadurch, dass sie tatsächlich eine »Profi-Pflegende« ist. Sie lebte vor längerer Zeit mit ihrer Familie, also ihrem Mann und zwei Söhnen, für einige Jahre in Norddeutschland. In dieser Zeit lernte sie einigermaßen gut Deutsch, vor allem aber absolvierte sie eine einjährige Ausbildung zur Altenpflege-Hilfskraft. Im Anschluss hat sie in zwei verschiedenen Pflegeeinrichtungen gearbeitet und verfügt dadurch über Kenntnisse und eine durchaus auch reflektierte Berufserfahrung.

Sie selbst ist mittlerweile weit über sechzig, und als ihr Mann berentet wurde, zog das Ehepaar wieder nach Polen zurück. Die beiden Söhne leben in Deutschland, haben beide eine Deutsche zur (Ehe-)Partnerin und jeweils zwei Kinder. In dieser Generation ist klar, dass Deutschland der Lebensmittelpunkt ist und bleibt. Beide Schwiegertöchter können kein Polnisch und wollen es auch nicht lernen.

Katias Mann hat in der Nähe seiner früheren Heimat eine Wohnung erworben, die er in viel Eigenleistung und mithilfe von Bekannten und mit Firmen Zug um Zug renoviert und verschönert. Die dafür erforderlichen finanziellen Mittel können von der Rente zusätzlich zum Alltagsleben kaum aufgebracht werden. So erschien es Katia und ihrem Mann sehr sinnvoll, dass sie als 24-Stunden-Betreuungskraft immer wieder einen Arbeitseinsatz in Deutschland macht.

Diese Motivation charakterisiert Katias Einstellung beim Arbeiten in deutschen Privathaushalten: Ihr geht es in erster Linie um den Verdienst, der als Zusatz zum normalen Leben erworben wird. Von daher ist die Höhe der Bezahlung – ohne Sozialversicherung und Steuerabgabe – eines der wichtigsten Themen, wenn sie über ihre Arbeit spricht. Im Gegensatz zu anderen Polinnen in der 24-Stunden-Betreuung wechselt sie sich nicht mit einer Kollegin im Tandem ab. Sie steht relativ flexibel zur Verfügung und fungiert deshalb immer wieder auch als »Springerin«, wenn in einer Betreuungssituation ein Engpass entsteht. Dank ihrer Ausbildung und mittlerweile auch der Erfahrung in verschiedenen Privathaushalten ist sie fähig, sich schnell auf neue Menschen in der Betreuungssituation einzustellen und die Versorgung zu organisieren.

Katias große Stärken sind ihr professionelles Wissen und ihre Deutschkenntnisse. Sowohl gegenüber den Angehörigen als auch gegenüber den Personen, mit denen sie im Privathaushalt in Kontakt kommt – niedergelassener Hausarzt, Fußpflegerin, Nachbarn – betont sie sehr nachdrücklich, dass sie Fachwissen besitzt. Ihr grundsätzliches Verständnis für alte Menschen wird auch spürbar, wenn sie über die zu Betreuenden spricht. Tatsächlich überträgt sie die in den Pflegeeinrichtungen erlebten Abläufe und Gewohnheiten auf die deutschen Privathaushalte: Feste Essenszeiten, regelmäßiger Wäschewechsel, bestimmte Duschtage, Mobilitätstraining und möglichst tägliche Spaziergänge sind die Merkmale ihres Umgangs mit den zu betreuenden alten Menschen. Manchmal übersieht sie, dass diese alten Menschen lieber nach ihrem eigenen Rhythmus den Tag gestalten, vielleicht gerne abends lange fernsehen und dafür lieber morgens länger schlafen. In einigen Situationen erlebte sie deshalb auch Konflikte, für deren Lösungen ihr jedoch die Einsicht ihres eigenen Anteils am Entstehen des Problems fehlt.

Die klare Vorstellung von einer professionellen Pflege führt bei Katia sehr schnell zu einer bestimmten Dominanz. Sie möchte vorgeben, was zu tun und zu lassen ist, und sie verteilt dafür auch gute und schlechte »Noten« bzw. Bewertungen. Sie spricht von »schwierigen Patienten«, bewertet, ob jemand »schön mitmacht« oder »macht, was er will«. Aufgrund ihrer Deutschkenntnisse gelingt es ihr, den Pflegebedürftigen auch ihre Vorstellungen soweit plausibel zu machen, dass sie – zumindest teilweise – auch ihren Vorgaben entsprechen.

Katia betont, dass sie am liebsten Männer pflegt. Sie hat durchaus Charme und kann auf eine sehr gewinnende Art speziell mit Männern umgehen. Wenn es ihr gelingt, den Ton zu treffen, der beim Gegenüber ankommt, fühlen sich die von ihr Betreuten auch oft geschmeichelt und gut begleitet. Kuchenbacken gehört zu ihrem Repertoire genauso wie gemeinsames Fernsehen und sich austauschen. Besonders die Männer, die sie betreut, geraten geradezu ins Schwärmen, wie sie es genießen, mit Katia kleine Spaziergänge zu machen oder gemeinsam auf einer Parkbank zu sitzen.

Menschen mit Demenz sind für Katia nicht angenehm. Auch wenn sie mit den herausfordernden Verhaltensweisen Erfahrung und auch gewisse Kenntnisse über einen angemessenen Umgang hat, betont sie, dass sie deren Pflege nicht gerne übernimmt. Besonderheiten, die sich dabei ergeben, wie z. B. nächtliches Aufstehen, Ordnen von Durcheinander in der Wohnung oder auch eine verständnisvolle Kommunikation, werden von ihr als zusätzliche Aufgaben genannt, die nicht zur Grundbetreuung zählen. Den Angehörigen gegenüber macht sie schnell deutlich, dass dafür eigens zu zahlen wäre.

Katia wählt die Familien, in denen sie arbeitet, vor allem nach der Bezahlung aus. Bei einigen Arbeitsstellen in der Vergangenheit wohnte auch ihr Mann mit in ihrem Zimmer oder Appartement. Mit einigen Hilfsarbeiten in Haus und Garten, Fahrdiensten für die alten Menschen zu Arzt oder Einkäufen ließ er sich seine Unterstützung zusätzlich entlohnen. So kam Katia mit Kost und Logis, die selbstredend auch für ihren Mann übernommen wurde, inklusive Reisegeld auf gut 2.500 Euro »auf die Hand« – einen Betrag, den Katia bei der nächsten »Stelle« als Verhandlungsbasis zu nutzen suchte. Durch ihre frühere berufliche Tätigkeit in Deutschland kennt sie auch Besonderheiten bei der Bezahlung, die sie in den Familien auch auszuhandeln sucht: Zuschläge an Weihnachten oder Silvester, Extras bei außerplanmäßigen Tätigkeiten wie Wäsche nach Besuchen oder aufwändigeres Kochen, z. B. am Geburtstag des Pflegebedürftigen.

Den Angehörigen erscheint Katia nahezu immer durch ihre Professionalität als eine große Hilfe und Stütze. Insbesondere in Familien, wo die erwachsenen Kinder weit weg vom Wohnort der Eltern leben, vermittelt sie Kompetenz und Zuverlässigkeit. Sie ist umsichtig, telefoniert von sich aus bei Problemen oder unerwarteten Ereignissen und weiß sich auch in pragmatischen Fragen gut zu helfen. Aus diesem Grund sehen Angehörige in den nicht abgesprochenen Mehraufwendungen offensichtlich auch eine angemessene Bezahlung.

Katia ist durch die Jahre in Deutschland und die verschiedenen Einsätze in deutschen Familien im Pendelsystem mit zahlreichen Polinnen, die in Privathaushalten arbeiten, vernetzt. Sie telefoniert häufig, hält auch von Polen aus Kontakt und informiert sich, wie andere »Kolleginnen« ihre Arbeit organisieren, was sie verdienen und wie die Freizeit geregelt ist. Dabei zeigt sie anderen Frauen in dieser Arbeitssituation gerne, dass sie sich als diejenige versteht, die besser ausgebildet und von daher besser bezahlt ist (obwohl sie in diesen Gesprächen vorsorglich keine Summen nennt). Erzählt jemand von Schwierigkeiten mit einem alten Menschen, gibt sie Ratschläge und schildert Erfahrungen, wie sie mit vergleichbaren Situationen erfolgreich umzugehen wusste.

Katia sieht sich auch in der Chefposition, wenn andere über praktische Dinge nachdenken: wie man den Angehörigen nahebringt, dass sie polnisches Fernsehen empfangen möchten, oder wie man sich möglichst preiswert ein Handy in einem deutschen Netz zulegt.

Bei Treffen mit Polinnen zum Kaffee und Austausch dominiert sie gerne das Gespräch, nicht ohne immer wieder zu betonen, dass sie nicht arbeiten muss – ihr Kommen nach Deutschland hängt allein davon ab, ob sie Lust zum Geldverdienen habe. Für die anderen hört sich das nicht immer gut an – und in Polen wird diese Haltung sicherlich auch nicht kritiklos hingenommen.

Ambulante Pflegedienste im Zusammenwirken mit osteuropäischen Betreuungskräften – eine Gestaltungsherausforderung für multirationales Management

Damian Ostermann

Privat angestellte osteuropäische Betreuungskräfte erleichtern die Versorgung pflegebedürftiger Menschen, entlasten Angehörige und wirken mit, den gesetzlichen Anspruch des Vorrangs ambulanter Pflegeangebote gegenüber stationären Hilfen umzusetzen. In tausenden Haushalten wirken osteuropäische Betreuungskräfte gemeinsam mit ambulanten Pflegediensten.

Während es mittlerweile gesellschaftlich etabliert ist, als bedürftiger Mensch eine solche Form der Hilfe in Anspruch zu nehmen, sind Selbst- und Fremderwartungen an die Akteur*innen des klassischen ambulanten Hilfesystems diffus.[1]

Daher ist das Zusammenwirken von ambulanten Pflegediensten und osteuropäischen Betreuungskräften oftmals gekennzeichnet von Unklarheit, Uneindeutigkeit und Unberechenbarkeit.

In der Pflegepraxis hört man dazu Erlebnisberichte und Geschichten. Diese Einzelerfahrungen sind oftmals von Emotionen beeinflusst.[2] Dennoch leuchten sie diesen Graubereich der häuslichen

---

1 Auch in diesem Beitrag wird die sprachlich gendergerechte Form durch das Gendersternchen genutzt, auch wenn die pflegenden Menschen zumeist Frauen sind (vgl. Isfort/von der Malsburg 2014, S. 21 ff.). Es sind damit alle Menschen unabhängig ihres Geschlechts gemeint.

2 In meiner damaligen Tätigkeit als Leiter einer Abteilung für ambulante Palliativpflege bei einem großen diakonischen Träger begegnete mir das Thema als praktische Fragestellung nach den Verhaltensmaßstäben des Pflegepersonals in häuslichen Pflegesituationen, in denen osteuropäische Betreuungskräfte beteiligt waren. Operativ entschied man sich, osteuropäische Betreuungskräfte nicht wie Kolleg*innen, sondern wie Angehörige zu sehen und zu behandeln. Es zeigten sich bereits beim erstmaligen Auftreten des zunächst für die Mitarbeitenden und Leitung des Pflegedienstes unbekannten Pflegesettings im Jahr 2012 starke Affekte bei Mitarbeitenden. Innerhalb

Pflege aus und bieten die Perspektive auf gelöste und ungelöste Herausforderungen.

Leitungskräfte der ambulanten Pflege und Vertretende von Träger*innen begegnen dem Anspruch, das Zusammenwirken von ambulanten Pflegediensten und osteuropäischen Betreuungskräften jenseits des Einzelfalls nachhaltig zu gestalten.

Wer diskutiert und reflektiert, kann allgemeine Rückschlüsse für die Art des Umgangs ambulanter Pflegedienste mit osteuropäischen Betreuungskräften ziehen. Haubners Mahnung an die Forschung lässt sich auf die Leitung ambulanter Pflegedienste beziehen:

»Eine Forschung, die nicht bemüht ist, mittels theoretischer Konstruktionen die unsichtbaren Strukturen und regelhaften Prozesse hinter den Erscheinungen freizulegen, läuft […] Gefahr, zu einem Flickenteppich empirischer Momentaufnahmen zu werden.« (Haubner 2014, S. 20)

Zusammenwirken

Es ist davon auszugehen, dass fast alle Pflegebedürftigen von professionellen Pflegediensten besucht werden: Auch diejenigen, die keine Leistungen der häuslichen Krankenpflege (vgl. Gemeinsamer Bundesausschuss 2018, S. 15 ff.) erhalten und allein Pflege*geld*leistungen beziehen, nehmen die vonseiten der Pflegeversicherung vorgeschriebenen Pflegeberatungsbesuche gem. § 37.3. SGB XI wahr.

Ergänzend zur Hilfe durch osteuropäische Betreuungskräfte erhalten viele pflegebedürftige Menschen *Leistungen der häuslichen Krankenpflege*. Diese Maßnahmen dürfen, sollten sie vergütet geschehen, ausschließlich von qualifizierten Kräften erbracht werden (Böning/Steffen 2014, S. 8 ff.).

Es ergibt sich also ein Zusammenwirken von osteuropäischen Betreuungskräften mit ambulanten Pflegediensten als punktueller oder

---

der Teamgespräche wurde von *modernem Kolonialismus und Sklavenhandel, Ausbeutung und Schikane* gesprochen. Der Klageruf einer Mitarbeiterin *Das können wir doch nicht machen!* wurde von mir als Indikator für einen unternehmensethischen Konflikt benannt (Ostermann 2015, S. 17).

dauerhaft bestehender Begegnungsraum. Ob dabei das *Zusammenwirken* als *Aufeinandertreffen*, als *Nebeneinanderher*, als *Konfrontation* oder als *Kooperation* erlebt wird, hängt vom Einzelfall ab.

Zusammenwirken in Interessensallianz

Den Mittelpunkt der Einsätze ambulanter Pflegedienste bilden die mit Klient*innen bzw. deren Angehörigen vereinbarten Leistungen, die ebenfalls die Zeitressourcen der Besuche vorgeben. Die Kommunikation zwischen osteuropäischen Betreuungskräften und Mitarbeitenden von Pflegediensten bezieht sich auf diese Leistungen und die dazu notwendigen Informationen. Dies betrifft unter anderem die Krankenbeobachtung und damit verbundene Ansprüche an die Versorgung.

Zum Zweck der Aufrechterhaltung ambulanter Versorgungskonstrukte pflegebedürftiger Menschen bilden sich hier funktionale Verbindungen, denn die Versorgungsqualität ist allein durch ein Zusammenwirken zu sichern.

Es besteht also eine Interessensallianz unter diesen Akteur*innen entgoltener Sozialdienstleistung.

Zusammenwirken als Problemfeld

Im Rahmen ihrer Einsätze erleben Pflegekräfte ambulanter Pflegedienste Interaktionen zwischen osteuropäischen Betreuungskräften und pflegebedürftigen Menschen. Sie nehmen dabei Differenzen, Konfliktthemen, Gesetzesbrüche oder Entwürdigungen sowie Grenzüberschreitungen durch Klient*innen oder osteuropäische Betreuungskräfte wahr.[3] Es entwickeln sich Fürsorge-, Schutz- oder Vermittlungsimpulse bei Mitarbeitenden ambulanter Pflegedienste. Haubner beschreibt die problematische Ausgangssituation:

---

3 Zur Situation osteuropäischer Betreuungskräfte existieren Erfahrungsberichte bei Haffert (2014, S. 98–150) sowie Erhebungen bei Isfort/von der Malsburg (2014, S. 19–42). Beide illustrieren, dass Pflegesituationen für osteuropäische Betreuungskräfte teils eklatante Mängel aufweisen können.

»Haushalts- und Pflegearbeiten migrantischer Arbeitskräfte finden in Privathaushalten in einem *quasi* rechtsfreien Raum statt, in dem sich verschiedene ökonomische Abhängigkeitsverhältnisse sowie kulturelle und sexistische Diskriminierungspraxen kreuzen. Die damit verbundene Machtlosigkeit der Pflegerinnen trägt auch dazu bei, dass […] häufig berufsfachliche Qualitätsanforderungen und medizinisch-pflegerische Versorgungsansprüche unterlaufen werden« (Haubner 2014, S. 11).

Von extern kommende professionell Mitarbeitende ambulanter Pflege agieren im Beziehungsgeflecht von Betroffenen, Familien und Betreuungskräften.

Je nach Krankheitsbild und Umfeld von Klient*innen sind osteuropäische Betreuungskräfte die alleinigen Dialogpartnerinnen für die Mitarbeitenden von Pflegediensten. Zumindest in Einzelfällen – z. B. bei räumlicher Alleinlage des Haushalts – kann angenommen werden, dass umgekehrt Mitarbeitende der Pflegedienste die einzigen Dialogpartner*innen mancher osteuropäischen Betreuungskräfte sind.

Laut einer Befragung von Isfort und von der Malsburg haben 22 % der befragten osteuropäischen Betreuungskräfte den Eindruck, »dass sie sich Probleme nicht anmerken lassen dürfen« (Isfort/von der Malsburg 2014, S. 38).

Im kollegialen Austausch zwischen Mitarbeitenden von Pflegediensten ist man bemüht, Informationen über eigentlich unüberschaubare komplexe Situationen in eine begreif- und nachvollziehbare sprachliche Form zu bringen. Wenn Situationen einzelner osteuropäischer Betreuungskräfte miteinander verglichen werden, entstehen Klischees und Zuschreibungen wie *Die wird da völlig ausgebeutet* oder *Die ist da gut eingebunden.*

Das Zusammenwirken als multirationales Geschehen

Schedler und Rüegg-Stürm nutzen den Begriff der Multirationalität, um verschiedene Denkmuster und Bedarfe innerhalb einer Organisation sicht- und gestaltbar zu machen (Schedler/Rüegg-Stürm 2013, S. 61). Dies lässt sich ebenfalls auf Care-Settings in Einzelhaushalten übertragen.

Die Situation der häuslichen Betreuung und Pflege bietet eine *arbeitsteilige Wertschöpfungskonfiguration,* die die Aufgabe der Versorgung und Pflege eines Menschen durch Aufteilung auf verschiedene Personen und Personengruppen sowie Vertreter*innen unterschiedlicher Institutionen wahrnimmt (Schedler/Rüegg-Stürm 2013, S. 193).

Sind osteuropäische Betreuungskräfte beteiligt, weil keine leistungsfähigen oder -bereiten Angehörigen zur Verfügung stehen, entsteht ein komplexes Zusammenspiel von Wechselwirkungen und gegenseitigen Abhängigkeiten. Die Verschiedenartigkeit der beteiligten Personen und Personengruppen und ihrer jeweiligen Motive und Entscheidungsmuster wirkt dabei auf das Agieren einzelner ein (Schedler/Rüegg-Stürm 2013, S. 77).

Es stoßen Menschen mit unterschiedlichen Rationalitäten, Handlungslogiken und Wahrheiten aufeinander. Die Systeme, Gruppen oder – im Einzelfall der osteuropäischen Betreuungskräfte – Einzelne interpretieren die Umwelt gemäß ihrer eigenen Logik. *Realität* selbst ist folglich nicht objektiv, sondern gründet in diesem Zusammenhang auf einem subjektiven Verarbeitungsgeschehen (vgl. Schedler 2012, S. 363).

Beeinflusst wird die Wahrnehmung der Realität durch Zugehörigkeit zu einer Gruppe, mit der »Sinngemeinschaft« (Schedler/Rüegg-Stürm 2013, S. 37) besteht. Sowohl Familien als auch Pflegeteams bilden eine durch gemeinsame Kulturmerkmale erzeugte Sinngemeinschaft. Osteuropäische Betreuungskräfte agieren – oftmals allein – außerhalb ihrer eigentlichen sozialen Herkunfts- und Handlungsgruppen.

Daher ist die Frage der sozialen Zugehörigkeit in Deutschland eingesetzter osteuropäischer Betreuungskräfte multirational zu betrachten.

Doppel-Rolle osteuropäischer Betreuungskräfte

Osteuropäische Betreuungskräfte befinden sich in der häuslichen Pflege in einem Bereich zwischen traditioneller Familienpflege und professionellem Hilfesystem: Sie tragen Merkmale beider Systeme, wobei sich überdies Selbst- und Fremddefinition unterscheiden können.

Zu den wichtigsten Merkmalen, die ursprünglich der Familie zugeordnet werden, zählt das gemeinsame *Wohnen* mit *privaten Verrichtungen am Ort der pflegerischen Beschäftigung*. Daneben zeigen osteuropäische Betreuungskräfte *Treue* im Sinne der *Selbstverpflichtung*, immer für die zu pflegende Person ansprechbar zu sein. Demzufolge wird ebenfalls häufig die tätigkeitsfreie *Freizeit* gemeinsam mit der pflegebedürftigen Person verbracht.

Rollenattribute, die ursprünglich professionell Helfenden zugeordnet werden, sind das *entgeltliche Kümmern* mit Aufgabenübernahme als vom Kunden *bezahlte Erwartungserfüllung*. Es bestehen *dienstleistungsbezogene Funktionsbeziehungen* im Anstellungsschema. Es gibt *Kontrolle und Überwachung*. Das *Verlassen eines langfristigen Pflegesettings* im Einzelhaushalt als Rollenanforderung ist beispielsweise aus der häuslichen Intensivpflege bekannt.

Besonders diffus gestaltet sich die persönliche Begegnung mit osteuropäischen Betreuungskräften. Diese stellen sich in der Regel mit Vornamen vor, der im Einzelfall sogar eingedeutscht wird, wenn sich *Agnieszka* für die Dauer ihres Einsatzes *Agnes* nennen lässt (Ostermann 2018, S. 42). Dieses Duzen geschieht sowohl gegenüber den Arbeitgeber*innen als auch gegenüber den Mitarbeitenden ambulanter Pflegedienste. Es erscheint als Merkmal der Zugehörigkeit und Vertrautheit, da die Anrede von Erwachsenen beim Vornamen üblicherweise die Zugehörigkeit zu einer Familie, zu einem Team oder sonstigen Sinngemeinschaft voraussetzt. Diese Zugehörigkeit von osteuropäischen Betreuungskräften ist jedoch zu keiner dieser Gruppen gegeben.

Osteuropäische Betreuungskräfte sind also in vielerlei Hinsicht im »ständigen Dazwischen« (Klaus/Schmergal 2016, S. 36) Die faktische Trennung von ihren Familien im Heimatland und der dortigen familiären Sorgearbeit führt zur Zurückstellung von sozialen, kulturellen und spirituellen Bedürfnissen. Arbeitszeit und Freizeit erscheinen oftmals unberücksichtigt oder allein formal geregelt. Auch nächtliche Ruhezeiten können durch Bedarfe der zu Pflegenden unterbrochen werden.

Die Doppel-Rolle osteuropäischer Betreuungskräfte fordert heraus. Im Familiensystem eines Dritten wirken zwei entgolten Leistungserbringer zusammen, deren Rolle unklar ist.

Zusammenwirken – Systeme im Kontakt

Es fehlen allgemeingültige Rollen- und Kooperationserwartungen seitens ambulanter Pflegedienste an osteuropäische Hilfskräfte. Trotzdem stellt sich im Zusammenwirken für ambulante Pflegedienste nicht nur die Frage, ob osteuropäische Betreuungskräfte zur Familie gehören oder Kolleg*innen sind, es fehlen im Zusammenwirken ebenfalls verbindliche und allgemeingültige fachliche Automatismen. Zum Beispiel gibt es kein spezielles Interaktions- oder Gesprächssetting wie die *Übergabe* in Fachkreisen.[4]

Also wird von Einzelnen in Einzelbegegnungen abgesprochen, wie zusammengearbeitet werden soll. Während ein Zusammenwirken häufig ohne Mühe gelingt, fordern wahrgenommene Probleme heraus. Die Abwahl osteuropäischer Betreuungskräfte durch Familien ist ein häufig genutztes Mittel der Konfliktlösung. Es bleibt fraglich, wie Konflikte mit osteuropäischen Betreuungskräften gelöst werden, wenn diese vonseiten der professionellen Pflege aufgeworfen werden.[5]

Um das Zufallsgeschehen zu kennzeichnen und die aus Sicht der professionellen Pflege im Zusammenwirken diffuse Rolle osteuropäischer Betreuungskräfte zu illustrieren, lassen sich jenseits des Einzelfalls folgende Fragen formulieren:
- Zu welcher hiesigen Gruppe oder Sinngemeinschaft gehören osteuropäische Betreuungskräfte?
- Gibt es offene Allianzen? Haben sie Fürsprecherinnen und Verbündete?
- Auf den Schutz und die Fürsprache welcher Gruppe können sie vertrauen und wem können sie sich anvertrauen?
- Wen gilt es zu fürchten?

---

4 In der Praxis ist häufig beobachtbar, dass osteuropäische Betreuungskräfte nicht an Erstgesprächen mit Pflegediensten beteiligt werden, obwohl sie im späteren Verlauf deren erste Ansprechpartner*innen im Pflegealltag sind.
5 Werden Dienstleitungen eingebunden, stehen diese nicht im regelhaften direkten Austausch mit den Betreuungskräften. Weil zudem schlechte Sprachkenntnisse eine telefonische Klärung erschweren, ist es möglich, dass Angehörige oder Agenturen beteiligt werden, die Betreuungskraft selbst jedoch als Letzte etwas von einem Konflikt erfährt.

- Wie werden Pflegebedürftige davor geschützt, Grenzüberschreitungen seitens osteuropäischer Betreuungskräfte zu erfahren?
- Wie wird in Begegnungen auf die seitens osteuropäischer Betreuungskräfte geäußerten Gefühle von sozialer Unverbundenheit, Einsamkeit und Überlastung reagiert?
- Wie werden Konflikte gelöst?

Fürsorgeimpulse und heimliche Leistungen – Rationalitätskonflikte in professionellen Pflegediensten

Im Kontakt mit den jeweiligen Umwelten, internen und externen Stakeholdern bestehen an das System der ambulanten Pflege aus unterschiedlichen Richtungen unterschiedliche Erwartungen aus unterschiedlichen Rationalitäten.

Vermittlungsagenturen, Angehörige oder Hausärzt*innen fordern häufig, Pflegedienste sollten hinsichtlich des Wirkens osteuropäischer Betreuungskräfte *nach dem Rechten schauen,* womit somit ein Teil der Fachaufsicht implizit an Pflegedienste delegiert wird.

In der unternehmerischen Logik ambulanter Pflege werden jedoch allein explizite Aufträge anhand von Einzelleistungen vereinbart, definiert, geplant, durchgeführt, abgerechnet und kontrolliert. Demzufolge spricht man im Pflegemanagement in diesem Zusammenhang von »heimlichen Leistungen« (Heiber 1999, S. 1 ff.) bzw. im Diakoniemanagement von »ergänzenden Leistungen« (Nauerth 2014, S. 268), wenn Leistungen implizit neben den eigentlichen Kernleistungen erbracht werden, die zwar an die jeweiligen Adressat*innen gerichtet sind, aber weder ausdrücklich beauftragt noch entlohnt werden.[6]

Nauerth (2014, S. 268) weist der Erbringung solcher Leistungen den Ursprung in der werteorientierten Ausrichtung von Unter-

---

[6] Dies betrifft neben *Nach dem Rechten Schauen* ebenfalls Leistungen wie Abfallentsorgung, Bedienen der Rollläden, Leeren des Briefkastens oder Kontrolle des Kühlschrankinhalts. Hier stellt sich die berechtigte Frage, welches Maß an Zuwendung und Kommunikation in einzelnen Modulleistungen enthalten ist und welches Maß erwartet wird.

nehmen zu, während Heiber vom »Gummiband der Nächstenliebe« (Heiber 1999, S. 2 ff.) spricht und über heimliche Leistungen aussagt, dass diese den Pflegediensten Geld kosten und Mitarbeiter*innen Ärger machen (Heiber 1999, S. 5).

Was seitens der Unternehmenswerte geboten erscheint, wird seitens der ökonomischen Rationalität als wirtschaftlich gefährlich angesehen.

Werden solcherlei Rationalitätskonflikte nicht diskutiert, ergeben sich innerhalb der Einrichtungen professioneller Pflege betriebsinterne Spaltungen. Es dominieren einzelne Rationalitäten und werden als vom Alltagstun entkoppelt erlebt. Wenn Leistungen als *heimlich* bezeichnet werden, offenbart sich diese Spaltung, denn Heimlichkeit benötigt ein Gegenüber, dem Dinge oder Tätigkeiten verschwiegen werden.

Folge ist, dass diese Leistungen – teils aus Gewohnheit, teils aus dem Selbstverständnis einzelner Pflegekräfte heraus – oftmals unentgeltlich erbracht werden, ohne dass Mitarbeitende unternehmerische Interessen beachten. Sie arbeiten gewissermaßen auf eigene Rechnung und erbringen solche Tätigkeiten für ein Dankeschön.

In einer von Multirationalität geprägten Auseinandersetzung ist zu überprüfen, ob diese heimlichen Leistungen dem Selbstverständnis des Unternehmens entsprechen oder auf den Unternehmenskern verweisen (Nauerth 2014, S. 268) und wie diese finanzierbar sein könnten. Erst dann kann angemessen auf die Aufforderung, *nach dem Rechten zu sehen,* reagiert werden.

Offen ist allerdings ohnehin, welche allgemeinen gesellschaftlichen Erwartungen an professionelle Pflege gestellt werden. Was soll und was muss professionelle Pflege mitbekommen? Welche Interventionen werden erwartet und vorausgesetzt, welche stellen Grenzüberschreitungen dar?

Es sind schließlich grundlegende Setzungen offenzulegen:
- Wird professionelle Pflege als reines Dienstleistungsgeschehen verstanden?
- Worin zeigen sich Fachlichkeit und Professionalität konkret?
- Stimmen Mitarbeitende hinsichtlich ihrer Grundmotivation, den Beruf auszuüben, mit diesen Ansprüchen überein?

Zusammenwirken als Gestaltungsherausforderung für Führung und Management

Für die Unternehmensführung relevant ist in der Konstellation des Zusammenwirkens von osteuropäischen Betreuungskräften und Pflegediensten die Frage: »Was kennzeichnet gerade unsere externen Umwelten, und wie werden wir als Organisation dafür antwortfähig?« (Wimmer 2016, S. 22)

Dabei liegt es außerhalb des Kontrollbereichs des Managements, ob in bereits bestehenden oder neu aufzunehmenden Versorgungen osteuropäische Betreuungskräfte beteiligt sind oder nicht. Dies entscheiden die Systeme, der die Pflegebedürftigen angehören. Es gilt, angemessene Reaktionsmuster zu entwickeln, wenn sich ambulante Pflegedienste dem Anspruch des Zusammenwirkens mit osteuropäischen Betreuungskräften gegenübergestellt sehen.

Im Folgenden werden unterschiedliche Fragestellungen und Gestaltungsherausforderungen unterteilt. Als Rubriken dienen *normative, strategische* und *operative* Ansprüche.

Normative Managementaufgaben

Veränderungsimpulse für das Zusammenwirken zwischen ambulanten Pflegediensten und osteuropäischen Betreuungskräften entstehen u. a. aus normativen Ansprüchen. Entspricht unser Tun unseren Werten?

Hinsichtlich normativer Setzungen gilt es zu betrachten, wie Ansprüche an Mitarbeitende formuliert werden. Zwischen dem ökonomischen Anspruch an Effizienz und Verrichtungsbezug einerseits und persönlichen Ansprüchen der Akteur*innen an die eigene Rollenausübung in Fürsorge, Freundlichkeit und Empathie andererseits ergibt sich hier insbesondere für konfessionelle Anbieter ein besonderes Spannungsfeld, da beispielsweise ein in Leitbildern formulierter Wertebezug wie *Nächstenliebe* auch osteuropäische Betreuungskräfte betrifft.

Allgemein wird von professionellen Leistungserbringern erwartet, dass sie einzelne Versorgungsszenarien nicht destabilisieren. Dabei wird gerade konfessionellen Anbietern aus der Selbst- und Fremddefinition heraus abverlangt, im Agieren zwischen Nächstenliebe und Kundenorientierung, Fürsorge und Selbstbestimmung, Fachlichkeit und Mitmenschlichkeit sowie Anteilnahme und Einmischung die Ausrichtung ihres Tuns angemessen zwischen diesen Ansprüchen zu kalibrieren.

Folgende Leitfragen helfen, aus dem normativen Management heraus das Zusammenwirken zu betrachten und zu gestalten:
- Wie wird der Umgang mit osteuropäischen Betreuungskräften in professionellen Pflegediensten leitbildäquivalent konzipiert und kommuniziert?
- Bestehen für das eigene Wirken Grenzziehungen, wird beispielsweise die eigene Beteiligung in gewissen Versorgungskonstellationen ausgeschlossen?
- Wie ausgeprägt ist die Vorsicht hinsichtlich medialer Aufmerksamkeit?
- Wie relevant ist für das Unternehmen – etwa durch bestehende Verbindungen, Partnerschaften oder Kooperationen – die Entwicklung der Pflegesituation in Osteuropa?
- Welche Gepflogenheiten bestehen abseits des Zusammenwirkens mit osteuropäischen Betreuungskräften, wenn in Pflege- und Familiensystemen Unrecht – beispielsweise häusliche Gewalt – wahrgenommen wird?
- Wer im Unternehmen hat privat eigene Erfahrungen oder Bedarf hinsichtlich des Einsatzes osteuropäischer Betreuungskräfte? Wie ist die Haltung zur eigenen Verstricktheit?

Strategische Managementaufgaben

Wenn das Thema des Zusammenwirkens osteuropäischer Betreuungskräfte und ambulanter Pflegedienste sowohl auf lokaler als auch auf Verbandsebene als relevant erkannt wird, gibt es neben normativen und operativen Erwartungen ebenfalls Ansprüche an strategisches Management. Hier gilt es zu überprüfen, ob eine nach innen und außen kommunizierte Strategie bezüglich des Zusammenwirkens mit osteuropäischen Betreuungskräften ein positives oder negatives Alleinstellungsmerkmal bildet und ob sich ein bislang vernachlässigtes Marktsegment eröffnet.
- Haben Leitungskräfte – insbesondere angesichts des Fachkräftemangels – Ressourcen, sich diesem Thema zu widmen?

- Gibt es bezahlbare eigene Angebote zwischen 24 Stunden und Minuten?
- Welche Innovationen sind für Pflegebedürftige sowie die einzelnen osteuropäischen Betreuungskräfte denkbar? Welche Hinderungsgründe bestehen?
- Welche offiziellen und welche inoffiziellen Kooperationen – beispielsweise zu Vermittlungsagenturen – bestehen? Welche Netzwerke bestehen bereits, für die das Thema relevant ist?
- Wie steht das Unternehmen zu technisch innovativen Möglichkeiten der Entlastung für in der Häuslichkeit Pflegende?
- Wie können ökonomische Rahmenbedingungen für eigenes Agieren im Zusammenwirken mit osteuropäischen Betreuungskräften verbessert werden? Gibt es Stiftungsmittel oder Möglichkeiten der wissenschaftlichen Evaluation?
- In welcher Weise sind Pro-bono-Leistungen möglich?

Operative Managementaufgaben

Das absichtsvolle Gestalten des Arbeitsalltags der Mitarbeitenden ambulanter Pflegedienste bildet die Aufgabe des operativen Managements. Hier ist zu beachten, wie die Bedürfnisse der Mitarbeitenden gelagert sind, welche offenen Fragen bestehen und welche Erfahrungen im Zusammenwirken mit osteuropäischen Betreuungskräften bereits gemacht wurden.

Es ist von Bedeutung, Regelszenarien zu beschreiben und Mitarbeitenden zu ermöglichen, handlungssicher zu agieren.

Eine nicht zu vernachlässigende – weil grundlegende – Fragestellung betrifft den Umgang mit Sprachbarrieren, die oftmals fundamental hindernd sind. Hier benötigen Mitarbeitende Orientierung, wie damit umgegangen werden soll.

Daneben ist die sprachliche Bezeichnung der Rolle osteuropäischer Betreuungskräfte bedeutsam, denn innerhalb von Fachkreisen ist die Bezeichnung *Polin* unangebracht. Ebenfalls schafft die Benutzung des Begriffs der *24-Stunden-Hilfe* intern oder in Beratung und Akquise falsche und tendenziell gesetzeswidrige Erwartungen beim Gegenüber.

Hinsichtlich der Ansprache osteuropäischer Betreuungskräfte mit Vornamen gilt es zu reflektieren, wie sich eigene Mitarbeitende vorstellen und welche Kultur es innerhalb des Unternehmens gibt.

Wie werden osteuropäische Betreuungskräfte vonseiten des Dienstes begrüßt und verabschiedet? Gibt es beispielsweise Broschüren mit dem Verweis auf Ansprechstellen oder auch allgemeiner Notfallnummern? Auch hier ist ebenfalls relevant, wie diesbezüglich innerhalb des eigenen Trägers mit neuen Mitarbeitenden verfahren wird.

Je nach Gestaltungsambition kann das Zusammenwirken von Pflegediensten und osteuropäischen Betreuungskräften zu medialem Interesse führen. Hier ist frühzeitig zu bestimmen, wer Ansprechpartner*innen für externe Anfragen sind.

Fazit

Es gilt, sowohl in der Unternehmensführung als auch im bürgerschaftlichen Engagement, Licht in diesen Graubereich der häuslichen Pflege zu bringen. Dabei stellen sich Fragen, die ebenfalls das eigene Unternehmen, dessen Grundwerte, strategische Ausrichtung und operative Abläufe betreffen.

Auch in multirational gestalteten Diskursen erscheint vieles als Dilemma. Anderes lässt sich nur langsam verändern. Allerdings öffnen sich in Reflexion und Planung des Zusammenwirkens mit osteuropäischen Betreuungskräften ebenfalls Weiterentwicklungsmöglichkeiten vor allem für konfessionelle Unternehmen, Träger*innen und Verbände. Innovationsnotwendigkeiten und Veränderungspotenziale werden offengelegt und nutzbar gemacht.

Alle im Zusammenwirken Beteiligten profitieren, wenn ein Prozess der Selbstvergewisserung, der internen und externen Auftrags- und Erwartungsklärung erfolgt und Maßnahmen der Einbindung und Vernetzung ergriffen werden.

Literatur

Böning, M./Steffen, M. (2014): Migrantinnen aus Osteuropa in Privathaushalten. Problemstellungen und politische Herausforderungen, https://gesundheit-soziales.verdi.de/++file++535fb14baa698e28660007a6/download/2014-05-Migrantinnen-in-Privathaushalten.pdf, Zugriff am 18.03.2018.

Gemeinsamer Bundesausschuss (2018): Richtlinie des Gemeinsamen Bundesausschusses über die Verordnung von häuslicher Krankenpflege, https://www.g-ba.de/downloads/62-492-1548/HKP-RL_2017-12-21_iK-2018-04-05.pdf, Zugriff am 10.07.2018.

Haffert, I. (2014): Eine Polin für Oma. Der Pflege-Notstand in unseren Familien. Berlin.

Haubner, T. (2014): Osteuropäische Care Workers im Licht der neueren Sozialwissenschaftlichen Forschung und Theoriebildung. In: Brendebach, C./Städtler-Mach, B. (Hg.): Zeitschrift für Gerontologie und Ethik. 02/2014, S. 9–24.

Heiber, A. (1999): Abrechenbare Leistungen. Heimliche Leistungen – Serviceleistungen – Privatleistungen. Erkennen, benennen und verändern! https://www.yumpu.com/de/document/view/1899672/heimliche-leistungen-ambulante-pflege-angeln, Zugriff am 22.06.2018.

Isfort, M./von der Malsburg, A. (2014): Evaluation des Projekts. Heraus aus der Grauzone – qualitätsgesicherter Einsatz polnischer Haushaltshilfen in deutschen Familien mit pflegebedürftigen Angehörigen, https://www.caritas-paderborn.de/cms/contents/caritas-paderborn.de/medien/dokumente/projekte/wissenschaftliche-ev/2014-09-09_evaluationsbericht_herausausdergrauzone_dip.pdf?d=a&f=pdf, Zugriff am 02.07.2018.

Klaus, J./Schmergal, C. (2016): Omas hilflose Betrojerinkis. In: Der Spiegel (Hamburg), Heft 11/2016, 12.03.2016, S. 36–37.

Nauerth, W. (2014): Werteorientiertes Management mit Kennzahlen. Unternehmensethische Grundlagen, werteorientierte Konzepte, diakoniespezifische Konkretionen. Baden-Baden.

Ostermann, D. (2015): Ethische Konflikte unter diakonischen Aspekten betrachten. In: v. Bodelschwinghsche Stiftungen Bethel (Hg.): bethel wissen. THEMA ETHIK KONKRET, Ausgabe 1, S. 16–17.

Ostermann, D. (2018): Multirationale Grundfragen im Zusammenwirken von ambulantem Pflegedienst und privat angestellten osteuropäischen Hilfskräften – eine diakoniewissenschaftliche Analyse (unveröffentlicht).

Schedler, K. (2012): Multirationales Management. Ansätze eines relativistischen Umgangs mit Rationalitäten in Organisationen. In: dms – der moderne staat – Zeitschrift für Public Policy, Recht und Management, 5. Jg., Heft 2/2012, S. 361–376.

Schedler, K./Rüegg-Stürm, J. (2013): Multirationalität und pluralistische Organisationen. In: Schedler, K./Rüegg-Stürm, J. (Hg.): Multirationales Management. Der erfolgreiche Umgang mit widersprüchlichen Anforderungen an die Organisation. Bern.

Wimmer, R. (2016): Der wissenschaftliche Blick auf die Führung: Traditionen, Entwicklungen, Erkenntnisse. In: Supervision. Heft 2/2016, S. 12–23.

Maria
Barbara Städtler-Mach

Maria strahlt vor allem große Ruhe aus. Im Haushalt der Frau, für die sie da ist, ist gerade eine Menge los: Der Zustand der Frau, die sie betreut, hat sich verschlechtert; die Hausärztin war da, Urin musste gesammelt und abgegeben werden, es gab neue Medikamente, der Gang zur Apotheke war zweifach, weil die Medikamente nicht vorrätig waren.

Gleichzeitig sind erst vor zwei Tagen Sohn und Schwiegertochter der alten Dame nach mehrtägigem Besuch abgereist, wodurch die Patientin unruhig ist und auch körperlich mit Schlafstörungen reagiert. Da gibt es Bettwäsche abzuziehen, zu waschen, zu bügeln, die Reste des Kuchens und der übrig gebliebenen Speisen zu verarbeiten – und Maria kocht gerne, ist extrem gastfreundlich und tischt großzügig auf.

Schon hat sich der nächste Besuch angekündigt, eine alte Freundin der Patientin, zusammen mit ihrer Schwester. Wieder heißt es für Maria, zu aller Fürsorge für die alte Dame, die sie betreut, zusätzlich Betten zu beziehen, Großeinkauf zu machen, Essen vorzubereiten, Kuchen zu backen.

Wie gesagt: Maria strahlt vor allem eine große Ruhe aus. Auch derartige Herausforderungen bringen sie nicht aus dieser Ruhe. Dass auch in der folgenden Woche wieder Urin abzunehmen und die Medikation neu zu verabreichen ist und gleichzeitig zwei über 90-Jährige zu Besuch sind – alles das kann sie nicht erschüttern. »Dann muss ich mich mittags eben auch einmal hinlegen«, sagt sie entspannt.

Maria ist etwas mehr als sechzig Jahre alt. Sie ist erst zum zweiten Mal bei der alten Dame als Betreuerin im Hause – nach vier Wochen Pause, in der eine Frau aus ihrer Ortschaft in Polen als Tandempartnerin die Versorgung übernommen hat. Maria hat durch die Tandempartnerin davon gehört, dass die Arbeit zu übernehmen ist und hat sich bei dem Vermittler gemeldet. Sie ist erst seit wenigen Monaten in Rente. Davor hat sie in einem Hotel als Managerin gearbeitet. Unregelmäßige Arbeitszeiten, vielfältige Ansprüche ganz verschiedener Zielgruppen, hohes Tempo in der Arbeit und einen immensen Arbeitsaufwand – alles das ist sie gewohnt. Auf die Frage, ob das Stress war, sagt sie lächelnd: Ja, dagegen habe ich es hier in Deutschland sehr angenehm.

So wird schnell deutlich, woher ihre Ruhe kommt: Sie hat jahrelang darin Übung, sich nicht aus der Ruhe bringen zulassen. Das bekommt der alten Frau, die sie nun betreut, sehr gut. Obwohl Maria kaum Deutsch spricht, kann sie sich mit ihren wenigen deutschen Vokabeln, durch Einfühlung und Lächeln mit ihr gut verständigen. Sie lächelt überhaupt sehr viel, auch das ist ein hier willkommenes Erbe ihrer früheren Tätigkeit.

Außerdem ist Maria aufmerksam und erfasst schnell, welche Arbeiten zu tun sind. Sie braucht keine Anweisungen oder Bitten der von ihr Betreuten, sie »sieht«, was für sie ansteht. Mit dem Haushalt, den sie jetzt führt, hat sie sich geradezu identifiziert. Kommt die Weihnachtszeit, sucht sie aus den vorhandenen Kochbüchern die in der Familie bewährten Plätzchen heraus und besorgt mithilfe eines Lexikons die Zutaten. Sie studiert die Wochenreklame der nächstliegenden Supermärkte und organisiert die Einkäufe danach. Als sie in der Zeitung sieht, dass in einem nahegelegenen Geschäft der Kaffee, den die von ihr betreute Frau gerne trinkt, im Sonderangebot steht, erkundigt sie sich bei der Nachbarin, wie sie mit öffentlichen Verkehrsmitteln dorthin kommt. Sie lacht wieder, wenn sie das erzählt: Ich kann den Text der Reklame nicht lesen, sagt sie, aber ich kann die Bilder dazu anschauen. Auch gegenüber dem Busfahrer fühlt sie sich nicht hilflos, sie vermittelt ihm, zu welcher Haltestelle sie möchte, mit wenigen deutschen Worten.

Maria erzählt von ihrer Arbeit in Deutschland so, als wäre der Haushalt ihr eigener. Sie denkt mit, was zu tun ist, fühlt sich verantwortlich, dass alles gut läuft. Als ein Problem mit der Toilettenspülung in dem nicht mehr ganz neuen Haus entsteht, bleibt sie ebenfalls ruhig, holt sich Hilfe in der Nachbarschaft und wartet unaufgeregt auf die bestellten Handwerker.

Die alte Dame, die sie betreut, liebt sie sehr. Die beiden kommen – Maria betont es und das lässt sich allein bei einem Besuch sehen – sehr gut miteinander zurecht. Die Angehörigen sind ebenfalls von ihr begeistert. Fast entsteht der Eindruck, sie genießen es bei ihren Besuchen bei der Mutter, sich auch von der Gastfreundlichkeit Marias verwöhnen zu lassen.

Auf die Frage, warum Maria diese Arbeit in Deutschland macht, zeigt sie Fotos auf ihrem Handy: Sie besitzt ein Haus in Polen, in dem einige Instandsetzungsarbeiten anstehen. Von meiner Rente kann ich ordentlich im Alltag leben, erzählt sie offen, solche Baumaßnahmen muss ich anderweitig finanzieren. Für ihr Haus in Polen ist sie allein verantwortlich, ihr Mann hat sie vor vielen Jahren verlassen und die Ehe wurde geschieden. Auf ihr Haus ist sie stolz; dass es der Grund für eine Arbeit in der nachberuflichen Phase ist, findet sie in Ordnung. Sie ist dankbar, dass sie durch das Arbeitsarrangement in Deutschland genügend Geld für die erforderlichen Investitionen verdient.

Maria hat eine Tochter im Alter von 32 Jahren, die ein technologisches Studium absolviert und in Polen eine gute Arbeitsstelle hat. Beide haben ein sehr lebendiges und gutes Verhältnis zueinander. Täglich schreibt Maria mehrere Nachrichten an ihre Tochter, die ihrerseits die Mutter über ihr Ergehen auf dem Laufenden hält. Mehrmals in der Woche telefonieren die beiden. Ob sie ihre Tochter vermisst? Wieder lacht Maria: Nein, ich sehe sie doch bald wieder.

Maria ist mit ihrem Leben in Polen sehr zufrieden. Seit sie Rentnerin ist, engagiert sie sich in der Kirche und auch in einer politischen Organisation. Ihre Energie scheint riesengroß zu sein. Dass es ihr Freude macht, zu organisieren und Verantwortung zu übernehmen – alles eingeübte Tätigkeiten aus ihrem beruflichen Leben –, ist immer spürbar. In dem deutschen Haushalt ist dieses alles sehr willkommen.

Was Maria bei allem Engagement und ihrer Spannkraft doch auf der Seele liegt, ist die Isolation in der Zeit, die sie in Deutschland lebt. Aufgrund der geringen deutschen Sprachkenntnisse kann sie sich nicht mit den Menschen in ihrer dortigen Umgebung unterhalten. Sie lächelt und grüßt die Nachbarn, aber geht doch dann notgedrungen ihrer Wege. Die Abende verbringt sie mit polnischem Fernsehen oder einfach frühem Schlafengehen.

Inzwischen hat sie zwei weitere Polinnen im Dorf kennengelernt, Freundinnen, wie sie sagt. Diese beiden sind ihre Hauptkontakte neben der alten Frau, die sie betreut. Da Maria immer eine lange Mittagspause hat, trifft sie sich in dieser Zeit mit den beiden. Von allen dreien hat sie die großzügigste Unterbringung, sie kann ihre Freundinnen sogar in ihrem Wohnbereich bewirten. Diese Kaffeerunden halten sie in guter Stimmung, ohne den Austausch in ihrer Muttersprache wäre sie sehr einsam.

Trotz dieser Nachteile will sie gerne möglichst lange nach Deutschland kommen. Ihre Renovierungsarbeiten zu Hause sind davon abhängig, wie lange Maria als Betreuerin in einem deutschen Privathaushalt Arbeit und Entlohnung finden wird.

Osteuropäische 24-Stunden-Betreuerinnen – Gestalterinnen ihrer eigenen Lebenslage

Helene Ignatzi

Pflegearrangements wie die 24-Stunden-Betreuung in der Häuslichkeit einer pflegebedürftigen Person im Ausland verändern maßgeblich die Lebenssituation derjenigen, die diese Leistung anbieten, da sie in der Regel weite geografische Entfernung zwischen dem Wohnort im Heimatland und Einsatzort bewältigen müssen. Die Abwesenheit von zu Hause verlangt von ihnen besondere Kompetenzen sowie Handlungsfähigkeit für die Gestaltung der ihnen zur Verfügung stehenden Handlungsspielräume, vor allem auf der Beziehungsebene, aber auch in den anderen Lebensbereichen wie z. B. Freizeit, Bildung, Wohnen, Beschäftigung etc.

Wie groß oder begrenzt die Handlungsspielräume der Pendlerinnen sind, wie sich das Pendeln und der Beschäftigungsstatus »irregulär«/»regulär« auf deren Handlungsmöglichkeiten auswirken und wie die Pendlerinnen ihre Handlungsspielräume nutzen sind Inhalte des folgenden Beitrags.[1]

Lebenslage und Handlungsspielraum

Einführend werden die Lebenslage, der Handlungsspielraum sowie die Lebenslagendimensionen skizziert.

Das Konzept der Lebenslage fokussiert sich auf die Lebensumstände von Menschen und versucht diese umfassend zu beschreiben und zu analysieren. Dabei geht es im Speziellen um die Gesamtheit

---

1 Der Beitrag basiert im Wesentlichen auf Forschungsergebnissen der qualitativen Untersuchung »Häusliche Altenpflege zwischen Legalität und Illegalität dargestellt am Beispiel polnischer Arbeitskräfte in deutschen Privathaushalten« von 2014.

aller äußeren sowie selbst geschaffenen Bedingungen, die das Leben von Menschen beeinflussen. Diese Bedingungen bilden die Lebenslage, die sich in verschiedene Dimensionen mit ihren jeweiligen (Handlungs-)Spielräumen unterteilen lässt, wie z. B. Beziehungen, Wohnen, Bildung, Freizeit, Einkommen, Vermögen etc. Wie viele Möglichkeiten ein Mensch in diesen Dimensionen hat, wird von seiner Lebenssituation bestimmt und durch sein Verhalten beeinflusst (Kühnert/Ignatzi 2019, S. 106 f.).

Die Möglichkeiten oder Unmöglichkeiten des Handelns von Individuen können einerseits sachliche, zeitliche und normative Gründe haben. Andererseits sind sie aber von der Handlungskompetenz der Individuen abhängig, wie z. B. die im Sozialisationsprozess erlernten und erworbenen Muster erfolgreichen Handelns und Gewohnheiten des Wahrnehmens und Handelns. Nur wenn diese Handlungskompetenz vorhanden ist, werden Handlungsspielräume genutzt. Daneben wirken sich auch geschlechtsspezifische Ausprägungen und Erfahrungen auf die Nutzung der Handlungsspielräume aus (Kühnert/Ignatzi 2019, S. 111 f.).

Das Lebenslagekonzept wird im Zuge der Weiterentwicklung operationalisiert und in fünf grundlegende Spielräume unterteilt:
- Einkommens- und Versorgungsspielraum als die Möglichkeiten der Versorgung mit Gütern und Diensten
- Kontakt- und Kooperationsspielraum als die Möglichkeiten zum Knüpfen und Aufrechterhalten sozialer Beziehungen
- Lern- und Erfahrungsspielraum als Sozialisationsbedingungen, Chance zur Verinnerlichung sozialer Normen, Möglichkeiten für Bildung und Ausbildung, Erfahrungen im Arbeitsleben oder das Ausmaß möglicher beruflicher und räumlicher Mobilität
- Regenerations- und Mußespielraum als Chancen zur Kompensation von psychischen und physischen Belastungen, die z. B. durch ungünstige Arbeits- und Wohnbedingungen und ein geringes Maß an Existenzsicherheit ausgelöst werden
- Dispositionsspielraum als die Möglichkeiten des Individuums zur Mitbestimmung und Einflussnahme auf gesellschaftliche Prozesse (Nahnsen 1992, zitiert nach Backes 1997, S. 708)

Bezogen auf die Lebenssituation von 24-Stunden-Betreuerinnen lassen sich die äußeren Bedingungen der Lebenslage durch Merkmale, wie z. b. Pendeln, Beschäftigungsstatus, Beziehungen, Wohnverhältnisse, Arbeitsbedingungen etc., definieren. Sie können durch zielgerichtetes kompetentes Handeln der Betreuerinnen beeinflusst und verändert werden (selbstgeschaffene Bedingungen).

Dimension: Erwerbstätigkeit – Einkommens- und Versorgungsspielraum

Mit der Übernahme der 24-Stunden-Betreuung erweitert sich signifikant der Einkommens- und Versorgungsspielraum der Pendlerinnen, da der Lohn, den sie aus dem Arbeitsverhältnis bekommen, für sie in ihren Heimatländern unerreichbar wäre (Emunds 2016, S. 119). Daraus resultierten in der Regel eine Stabilisierung und Verbesserung ihrer materiellen Situation sowie Erhöhung der Lebenszufriedenheit, weil persönliche Wünsche erfüllt und wichtige persönliche Anliegen verwirklicht werden können. Den Pendlerinnen gelingt es, sich aus finanzieller Notlage zu befreien, Eigentum zu erwerben, Rücklagen für das Alter zu bilden und ihre Familien materiell zu unterstützen (Ignatzi 2014, S. 465 f.). Die 24-Stunden-Betreuung verbessert ihre Lebenssituation, insbesondere dann, wenn sie zur wirtschaftlichen Unabhängigkeit der Pendlerinnen führt und ihnen dadurch den Ausstieg aus asymmetrischen Beziehungen und entsprechenden Abhängigkeiten erleichtert. Diese Entwicklung stärkt ihre ökonomische Lage sowie ihre Position und Rolle innerhalb der eigenen familiären Bezüge und kann möglicherweise zur Aufweichung der patriarchalischen Abhängigkeitsverhältnisse und zur Veränderung der familialen Strukturen führen (Karakayali 2010, S. 94 f.).

Der irreguläre Beschäftigungsstatus hat auf diesen Spielraum insofern einen Einfluss, als Schwarzarbeit zumindest kurzfristig zu einem höheren Einkommen führt. Es scheint gerade für Anfängerinnen in der Pflegemigration einfacher zu sein, für den Einstieg eine Stelle zu irregulären Arbeitsbedingungen zu finden als eine sozialversicherungspflichtige Beschäftigung. Aber auch erfahrene Pendlerinnen scheinen Irregularität zu bevorzugen, wenn diese ihnen bessere Beschäftigungsbedingungen wie z. B. eine höhere Vergütung garantiert.

Die unzureichende finanzielle Absicherung für den Krankheitsfall und für die Rente sowie mögliche Arbeitslosigkeit ist jedoch, bezogen auf den Einkommensspielraum, die Kehrseite dieser zunächst scheinbar unkomplizierteren und gewinnbringenderen Beschäftigungsbedingungen, derer sich die 24-Stunden-Betreuerinnen in der Regel bewusst sind.

Fehlen ein schriftlicher Arbeitsvertrag bzw. eine derartige Vereinbarung, was bei einer irregulären Beschäftigung der Fall sein könnte, sind ggf. die Pendlerinnen vor Missbrauch ihrer Arbeitskraft nicht geschützt. In der Konsequenz könnte es bedeuten, dass sie keine geregelten Arbeitszeiten haben und mit Nacht- und Wochenendeinsätzen sowie diversen zusätzlichen Aufgaben durch die Pflegebedürftigen oder ihre Angehörigen beauftragt werden. Der fehlende Beschäftigungsrahmen schränkt somit den Dispositionsspielraum der 24-Stunden-Betreuerinnen sehr stark ein. Nur diejenigen von ihnen, die selbstbewusst sind und über gute Deutschkenntnisse verfügen, sind in der Lage, dem aus eigener Kraft entgegenzuwirken (Ignatzi 2014, S. 465 f.).

Im Zuge des Pendelns sind die Betreuerinnen unterschiedlichen Erfahrungen ausgesetzt. In Deutschland erleben sie soziale und berufliche Degradierung durch die Tätigkeit, der sie nachgehen, in ihrem Heimatland dagegen erfahren sie eine Aufwertung ihrer Arbeitsleistung (Metz-Göckel 2010, S. 55). Insgesamt stärkt die Erwirtschaftung des Haushaltseinkommens aus der temporären Pflegetätigkeit die Autorität der Frauen innerhalb ihrer eigenen Familien (Kałwa 2010, S. 164 f.).

Nach Kałwa wirkt sich die längere Abwesenheit außerdem negativ auf die Arbeitschancen der Pendlerinnen im Heimatland aus, weil sie vom heimischen Arbeitsmarkt ausgegrenzt werden oder – vor allem Pendlerinnen mit einer höheren Qualifikation – dort zumindest schlechtere Chancen auf einen Arbeitsplatz haben (Kałwa 2010, S. 167).

Dimension: Bildung (Deutschkenntnisse, fachliche und soziale Kompetenzen) – Lern- und Erfahrungsspielraum

Die Pendlerinnen weisen in der Regel ein hohes allgemeines Bildungsniveau wie Hochschul- bzw. Fachhochschulreife auf (Metz-Göckel 2010, S. 39 f.).

Ihr Handlungsspielraum ist, vor allem bei der ersten Vermittlung an eine deutsche Familie, aufgrund fehlender oder unzureichender Deutschkenntnisse sehr begrenzt. Nur selten gelingt die Verständigung mit den Pflegebedürftigen und deren Angehörigen so gut, dass keine Missverständnisse oder Konflikte entstehen. Meistens gibt es Kommunikationsschwierigkeiten, die zu Frustreaktionen auf beiden Seiten führen sowie Ängste und Stress, vor allem bei den Betreuerinnen, auslösen. Fehlende oder unzureichende Sprachkompetenz führt außerdem dazu, dass die Betreuerinnen nicht in der Lage sind, ihre Rechte und Pflichten einzufordern oder bessere Beschäftigungsbedingungen mit den Familien auszuhandeln, um das Risiko einer eventuellen Ausbeutung zu vermeiden. Dies trifft insbesondere dann zu, wenn sie irregulär tätig sind und kein schriftlicher Arbeitsvertrag der Beschäftigung zugrunde liegt. Durch die Konfrontation mit den eigenen Sprachdefiziten motivieren sich die meisten von ihnen jedoch für den raschen Erwerb der deutschen Sprache, um ihr Kompetenzprofil zu steigern und dadurch die Attraktivität ihrer Dienstleitung für die deutschen Familien zu erhöhen (Ignatzi 2014, S. 168 ff., 466 f.). Ebenso erfahren die Betreuerinnen, dass die Pflegetätigkeit hohe Anforderungen an sie stellt, die aufgrund der Sprachbarrieren unüberwindbar scheinen (Metz-Göckel 2010, S. 51).

Bezogen auf die Fachkompetenz der Pendlerinnen zeigt sich, dass vor der ersten Vermittlung die wenigsten von ihnen über eine medizinisch-pflegerische Qualifikation verfügen. Die meisten bezeichnen sich als Laienpflegerinnen mit Erfahrung in der Pflege ihrer eigenen Angehörigen, darunter auch demenzkranken, krebskranken und schwerstpflegebedürftigen, bettlägerigen Personen. Die Pflegeversicherung (SGB XI) sowie die ambulanten Versorgungsstrukturen in Deutschland sind ihnen nicht bekannt.

Theoretische Kenntnisse zu Demenz und anderen geriatrischen Krankheitsbildern sowie zum Umgang mit Demenzkranken sind bei den wenigsten Pendlerinnen vorhanden. Ein Großteil ist allerdings an der ständigen Erweiterung der fachlichen Kompetenz durch Weiterbildung sehr interessiert (Ignatzi 2014, S. 172 ff.).

Im Verlauf der Pendelmigration erweitern die Frauen kontinuierlich ihr Kompetenzspektrum durch den steigenden Pflegebedarf bei den zu Betreuenden, durch wechselnde Pflegebedürftige und die Präsenz anderer Dienstleister im Pflegesetting, wie z. B. der ambulanten Pflegedienste und Therapeuten. Vor allem die Pflege- und Betreuungserfahrung, aber auch die Deutschkenntnisse verbessern sich, was sich vorteilhaft auf die Beziehungen zu den Pflegebedürftigen und ihren Angehörigen auswirkt und die Betreuerinnen darin bestärkt, für ihre Rechte überzeugender einzutreten und auf ihre Beschäftigungsbedingungen mehr Einfluss zu nehmen.

Ebenso wird ihre interkulturelle Kompetenz gestärkt, die sich in einer zunehmend sensibleren Haltung im Umgang mit Menschen eines anderen Kulturkreises und der Entwicklung einer reflektierten Haltung widerspiegelt. Die hinzugewonnene Kompetenz verbessert nicht nur ihre beruflichen Möglichkeiten, sondern stärkt und bereichert auch ihr Selbstwertgefühl.

Der Kompetenzzuwachs ist kein »Nebenprodukt« der Migration, sondern ein Resultat der Lernbereitschaft und des hohen Engagements der Pendlerinnen im Rahmen der Pflege- und Betreuungstätigkeit. Auch ist er ein Beweis dafür, dass sie in der Lage sind, den ihnen zur Verfügung stehenden, meist begrenzten Spielraum zu nutzen, ihn selbstständig zu gestalten und teilweise auch zu erweitern – etwa, wenn sie durch bessere Deutschkenntnisse mehr Einfluss auf ihre Arbeitsbedingungen nehmen können (Ignatzi 2014, S. 467).

Ein irreguläres Beschäftigungsverhältnis kann sich häufig niederschwellig einschränkend auf den Handlungsspielraum der Pendlerinnen auswirken. Es kann z. B. dazu führen, dass sie aus Angst vor rechtlichen Konsequenzen, Ausweisung oder Bußgeldern, den Kontakt mit anderen, auch mit weiteren 24-Stunden-Betreuerinnen meiden, was letztlich dazu führt, dass sie dadurch die Möglichkeit verlieren, sich über etwaige Probleme im Pflegealltag auszutauschen und sich gegenseitig zu stützen. Gerade dieser Austausch dient aber der Vertiefung ihres pflegerischen und betreuerischen Fachwissens (Ignatzi 2014, S. 474).

Dimension: Soziale Beziehungen – Kontakt- und Kooperationsspielraum

Auf der Ebene der sozialen Beziehungen scheint das Pendeln als Merkmal für äußere Bedingungen eine entscheidende Rolle zu spielen. Räumliche Distanz ist bekannterweise eine feste Größe, die sich nicht verringern lässt. Die Konsequenz daraus ist die Trennung von Familie, Freunden und Heimat, was wiederum eine Vielzahl von positiven als auch negativen Effekten auf die familiären und freundschaftlichen Beziehungen zur Folge hat, die sich sowohl erweiternd als auch begrenzend auf den Handlungsspielraum der Pendlerinnen auswirken können.

Die Erweiterung des Handlungsspielraums der Betreuerinnen zeigt sich daran, dass sie durch das Pendeln zwischen zwei Ländern zu ihren bestehenden sozialen Kontakten im Heimatland neue Wirkungskreise und Netzwerkmitglieder in Deutschland erschließen können. So wirkt sich der Aufenthalt bei den deutschen Familien als generell ressourcenbringend im Hinblick auf das Knüpfen neuer Kontakte oder sogar die Entstehung tragfähiger Freundschaften zu den Pflegebedürftigen, ihren Angehörigen, Nachbarn und weiteren Personen im Umkreis der pflegebedürftigen Person aus.

Die meisten der Frauen erkennen diese Chance und versuchen trotz anfänglicher Verständigungsschwierigkeiten, die Beziehungen bewusst aktiv zu gestalten und den ihnen zur Verfügung stehenden Spielraum entsprechend zu nutzen. Die Betreuerinnen unternehmen Anstrengungen, um von den deutschen Familien wertgeschätzt, akzeptiert und angenommen zu werden. Vor dem Hintergrund der fehlenden oder unzureichenden Deutschkenntnisse sowie der unterschiedlichen Charaktere der Pflegebedürftigen wird von ihnen ein adäquates und professionell ausgerichtetes Verhalten gefordert. Einerseits ist es notwendig, auf die Wünsche der Pflegebedürftigen einzugehen und persönliche Nähe zu gewähren, andererseits gilt es aber, Distanz zu wahren. Hierbei zeigt sich, dass einige der Betreuerinnen in der Lage sind, die von ihnen in ihrem Sozialisierungsprozess verinnerlichten Beziehungsmuster neu zu überdenken und an die pflegebedürftige Person und die professionelle Situation anzupassen. Konkret bedeutet es, dass sie ihre Rolle als Betreuungskraft von einem ihnen zunächst emotional naheliegenden Mutter-Tochter- bzw. Vater-Tochter-Verhältnis abzukoppeln versuchen und sie mit neuen Werten zu besetzen (Ignatzi 2014, S. 324 ff., 467 f.).

Die einschränkende Auswirkung des Pendelns auf den Handlungsspielraum betrifft vor allem die familiären und freundschaftlichen Beziehungen im Heimatland. Es zeigt sich eine gewisse Abschwächung der Beziehungsintensität zu den im Heimatland zurückgelassen Kindern, Partnern und Freunden. Es kommt sogar zum Scheitern von Paarbeziehungen und zum Beenden langjähriger Freundschaften, was zur Entstehung von Lebenskrisen führen kann. Um diese Risiken zu minimieren oder auszugleichen, die in der Beziehungspflege entstehen, nehmen die meisten Betreuerinnen große Anstrengungen auf sich. Sie versuchen, ihre familiären und freundschaftlichen Beziehungen im Herkunftsland zu bewahren oder sogar weiterzuentwickeln und mit den neu geschlossenen Beziehungen zu deutschen Familien im Gleichgewicht zu halten. So werden die Aufenthalte im Herkunftsland intensiv für Beziehungspflege genutzt und bei Abwesenheit auf moderne Kommunikationsmedien zurückgegriffen, um die Qualität der Beziehungen dauerhaft zu sichern (Ignatzi 2014, S. 468). Entscheidend für das Familienleben und die familiären Beziehungen sind die Qualität von Unterstützungsnetzwerken und Fürsorgearrangements sowie die Qualität und Häufigkeit der Kontakte, insbesondere zwischen den Müttern und Kindern. Eine wichtige Rolle spielen auch die kulturspezifischen Mutterschaftsideologien, die mit der »Diffamierung« migrierter Mütter einhergehen (Lutz/Palenga-Möllenbeck 2010, S. 154).

In der heutigen globalisierten Welt bedarf es einer hohen persönlichen Kompetenz sowie großer Bemühungen und Ausdauer, Beziehungen innerhalb des zur Verfügung stehenden »pluri-lokalen«

(Pries 2010, S. 61) Gestaltungsspielraums, der sich über die Staatsgrenzen hinweg zwischen verschiedenen Orten erstreckt, zu pflegen und zu gestalten. Bezogen auf die familiären und freundschaftlichen Beziehungen der Frauen im Heimatland bedeutet es konkret, die Erwartungen der Familienangehörigen und Freunde durch materielle (finanzielle Hilfe) sowie immaterielle Unterstützung (emotionaler Beistand, Zuwendung und körperliche Nähe) zu erfüllen und zu leisten.

Gelingt es den Frauen, das Beziehungsgleichgewicht zu halten, sodass die Anzahl der Netzwerkmitglieder und die Intensität der familiären und freundschaftlichen Beziehungen im Heimatland nicht wegbrechen, sondern stabil bleiben, ergibt sich für sie ein echter Mehrwert in Bezug auf ihre Lebenszufriedenheit. Häufig bestärkt sie dies in ihrer Entscheidung, die Pflegetätigkeit fortzusetzen (Ignatzi 2014, S. 468).

Im Falle des Scheiterns von Paarbeziehungen, sind die Gründe nicht allein auf die Abwesenheit der Frauen durch das Pendeln und das Nichterfüllen von Erwartungen des Partners zurückzuführen. Vielmehr ist der Zerfall der Beziehungen die Fortsetzung eines Prozesses, der bereits vor der Ausreise der Betreuerinnen begonnen hat und dessen Ursache in den Dysfunktionen der Familie gesucht werden müsste. Die Migration schafft demnach lediglich den Rahmen zur Lösung familiärer Probleme und zur Entscheidungsfindung hinsichtlich der Fortsetzung oder des Abbruchs von Beziehungen (Kałwa 2010, 165 f.; Ignatzi 2014, S. 468). Die Einschätzung liegt dennoch nahe, dass der Entschluss der Frauen zur Scheidung durch das sich während der Pflegetätigkeit entwickelte Selbstbewusstsein und die sicherere finanzielle Situation erleichtert wurde, was auf Zuwachs von Unabhängigkeit und Entscheidungskompetenz der Pendlerinnen deuten würde (Ignatzi 2014, S. 384).

Der irreguläre Beschäftigungsstatus kann die Qualität der Beziehungen sowie die Zahl der Kontakte in Deutschland entscheidend beeinflussen und sich somit begrenzend auf ihre Handlungsmöglichkeiten auswirken, vor allem dann, wenn die Frauen aus Scheu, entdeckt und ausgewiesen zu werden, den Kontakt mit Menschen im Umfeld der Familien oder auch zu anderen Betreuungskräften vor Ort meiden (Ignatzi 2014, S. 474).

Dimension: Wohnen – materieller Versorgungsspielraum

Beim materiellen Versorgungsspielraum der Pendlerinnen zeigen sich signifikante positive Veränderungen ihrer Wohnverhältnisse im Heimatland, die infolge der Pflegemigration auftreten. Diese sind bedingt durch die verbesserte finanzielle Lage der Frauen, die ausnahmslos neue Gestaltungsmöglichkeiten im Bereich Wohnen ermöglicht. Durch Kauf von Eigentum können die meisten Frauen ihre Wohnqualität in Polen verbessern und dadurch ihren persönlichen Wünschen, die sie an die Aufnahme der Betreuungstätigkeit geknüpft haben, näherkommen. Ausnahmen bilden die Frauen, die infolge gescheiterter Paarbeziehungen ihr Eigentum verloren haben, wodurch sich ihre Wohnqualität im Heimatland verschlechtert hat, was jedoch innerhalb der komplexeren Bedingungen dieser Paarbeziehungen betrachtet werden muss (Ignatzi 2014, S. 469 f.).

In Deutschland wohnen die Pendlerinnen im Haushalt der pflegebedürftigen Person. Die arbeitgebende Familie garantiert ihnen die Unterkunft und übernimmt die Kosten für die Verpflegung oder sogar für Telefonate mit den Angehörigen im Heimatland (Kałwa 2010, S. 132). Sie finden bessere oder schlechtere Wohnbedingungen vor, die sich stark an der Wohnqualität der Pflegebedürftigen orientieren und auf die sie zunächst nur begrenzt Einfluss nehmen können. Infolge dessen zeigt sich hier ein stark eingegrenzter materieller Versorgungsspielraum. Die meisten sind jedoch mit ihren Wohnbedingungen in Deutschland zufrieden. Wenn sie dennoch auf ungünstige Wohnverhältnisse treffen, versuchen sie diese zu verbessern, indem sie ihre Wünsche, z. B. hinsichtlich der Ausstattung, direkt ansprechen (Ignatzi 2014, S. 469).

Dimension: Freizeit/Engagement – Regenerations- und Mußespielraum/ Dispositions- und Partizipationsspielraum

Die Handlungsspielräume der Pendlerinnen im Bereich der Freizeitgestaltung sind in beiden Ländern sehr begrenzt. Begründen lässt sich dies mit der geringen freien Zeit, die ihnen sowohl in der sogenannten Erholungsphase im Heimatland als auch in der Beschäftigungsphase in Deutschland zur Verfügung steht. Diese freien Zeiträume werden deshalb intensiver, vor allem aber gezielter von den Frauen genutzt.

Bei ihren Aufenthalten im Heimatland konzentrieren sich die meisten Pendlerinnen auf die Gestaltung der Beziehungen zu ihrer Familie, um alles, was sie durch ihre Abwesenheit verpasst haben, aufzuholen. Außerdem wird versucht, den dortigen gewohnten Lebensrhythmus weiterzuleben, indem die Hausarbeit – wie Putz- und Gartenarbeit – nach wochenlanger Abwesenheit von zu Hause erledigt wird.

Die alleinlebenden Pendlerinnen verfolgen sehr bewusst ihre kulturellen oder sportlichen Interessen.

Während der Betreuungstätigkeit in Deutschland sind sie in der Regel sieben Tage die Woche für die Pflegebedürftigen zuständig. Über freie Zeiten müssen sie mit ihren arbeitgebenden Familien verhandeln. Die kurze Dauer der Pausen (zwei Stunden am Nachmittag) lässt nur begrenzte Freizeitmöglichkeiten zu. Deren Gestaltung richtet sich nach dem sozialen und kulturellen Kapital der Pendlerinnen, dem Verhältnis zwischen ihnen und den Pflegebedürftigen und deren Angehörigen sowie dem sozialen Umfeld und den örtlichen Gegebenheiten. Die wenige freie Zeit wird von den Pendlerinnen sehr intensiv genutzt, vor allem für die Kontaktpflege zu Familie und Freunden, mittels Internet oder moderner Telefonie, aber auch, um die Umgebung kennenzulernen oder sich mit anderen vor Ort tätigen 24-Stunden-Betreuerinnen zum Austausch zu treffen.

Der Handlungsspielraum der Pendlerinnen ist stark eingeschränkt und durch den Charakter des Beschäftigungsverhältnisses geprägt. Vor allem bei irregulären Beschäftigungsverhältnissen sind z. B. die Regelungen für Pausen oder Wochenenddienste nicht immer klar festgelegt. Es fehlt der rechtliche Rahmen, auf den sich die Pendlerinnen beziehen können, um die freie Zeit einzufordern. Häufig werden in den Pausen hauswirtschaftliche Aufgaben, wie Einkäufe oder Hausarbeit, erledigt. Daneben spielt aber auch bei der Nutzung der freien Zeit die gesundheitliche Verfassung der pflegebedürftigen Person eine entscheidende Rolle, wie z. B. bei Demenz oder anderen gerontopsychiatrischen Erkrankungen. Es ist oft nicht möglich, die Pflegebedürftigen alleinzulassen (Ignatzi 2014, S. 398 f., 470 f.; Kałwa 2010, S. 144 f.).

Bezogen auf die Existenz von Chancen und Möglichkeiten der politischen und gesellschaftlichen Mitwirkung der Betreuerinnen zeigt sich, dass diese im Heimatland kaum vorhanden sind, weil durch die kurze Dauer der Aufenthalte andere Prioritäten zugrunde gelegt werden, wie die Gestaltung der individuellen Lebensführung. Diese verlangt von ihnen, insbesondere durch das Pendeln, besonders viel Kraft und Energie ab und lässt kaum politisches und/oder gesellschaftliches Engagement zu. Bezogen auf Deutschland ist die politische Mitwirkung der Pendlerinnen aufgrund ihrer nationalen Zugehörigkeit eher unwahrscheinlich.

Dimension: Persönlichkeit –
Lern- und Erfahrungsspielraum

Die 24-Stunden-Betreuung wirkt sich nicht nur auf die einzelnen Lebenslagendimensionen der Pendlerinnen aus. Sie verändert kennzeichnend auch deren Persönlichkeit, wie z. B. ihre Eigenschaften, Einstellungen, Haltungen und Ansichten sowohl zu Älteren, ihrem eigenen Alternsprozess als auch zu den Deutschen, hierbei insbesondere durch das Revidieren der negativen Bilder von Deutschen im Laufe der Pendelmigration.

Dieses dimensionsübergreifende Phänomen resultiert aus der Entwicklung aller (Handlungs-)Spielräume, die sich gegenseitig beeinflussen. So wirken sich beispielsweise der verbesserte Einkommensspielraum und die Stärkung der Fachkompetenz auf das Selbstbewusstsein und das Selbstwertgefühl der Pendlerinnen aus, und umgekehrt beeinflusst das gestärkte Selbstbewusstsein positiv die Gestaltung der übrigen Spielräume. Im Ergebnis ermöglicht dies den Betreuerinnen, mit den Pflegebedürftigen und ihren Angehörigen auf Augenhöhe zu kommunizieren und auf diese Weise mehr Einfluss auf die Arbeits- und Wohnbedingungen nehmen zu können. Ihr neues Selbstbewusstsein, der Wille zur Selbstbestimmung, auch in der Hinsicht, dass sie sich trauen und auch in der Lage sind, eine Auseinandersetzung mit den Vor- und Nachteilen von Pflegemigration zu führen oder Wünsche gegenüber der Politik zu formulieren, kann als Ausdruck eines erweiterten Persönlichkeitsspielraums und einer neu gewonnenen persönlichen Stärke gedeutet werden (Ignatzi 2014, S. 472 f.).

Literatur

Backes, G. M. (1997): Lebenslage als soziologisches Konzept zur Sozialstrukturanalyse. Zeitschrift für Sozialreform (ZSR), 43, S. 704–727.

Emunds, B. (2016): Damit es Oma gutgeht. Pflegeausbeutung in den eigenen vier Wänden. Frankfurt a. M..

Ignatzi, H. (2014): Häusliche Altenpflege zwischen Legalität und Illegalität. Dargestellt am Beispiel polnischer Arbeitskräfte in deutschen Privathaushalten. Soziologie Band 85. Berlin.

Kałwa, D. (2010): Migration von Polinnen ins Ruhrgebiet. In: Metz-Göckel, S./ Münst, A. S./Kałwa, D.: Migration als Ressource. Zur Pendelmigration polnischer Frauen in Privathaushalte der Bundesrepublik. Opladen und Farmington Hills, S. 61–176.

Karakayali, J. (2010): Transnational Haushalten. Biografische Interviews mit care workers aus Osteuropa. Wiesbaden.

Kühnert, S./Ignatzi, H. (2019): Soziale Gerontologie. Grundlagen und Anwendungsfelder. Stuttgart.

Lutz, H./Palenga-Möllenbeck, E. (2010): Care-Arbeit, Gender und Migration. Überlegungen zu einer Theorie der transnationalen Migration im Haushaltsarbeitssektor in Europa. In: Apitzsch, U./ Schmidtbaur, M. (Hg.): Care und Migration. Die Ent-Sorgung menschlicher Reproduktionsarbeit entlang von Geschlechter- und Armutsgrenzen. Opladen & Farmington Hills, S. 143–161.

Metz-Göckel, S. (2010): Arbeitspendeln und Lebensarbeit. In: Metz-Göckel, S./ Münst, A. S./Kałwa, D. (2010): Migration als Ressource. Zur Pendelmigration polnischer Frauen in Privathaushalte der Bundesrepubublik. Opladen und Farmington Hills, S. 27–55.

Metz-Göckel, S./Münst, A. S./Kałwa, D. (2010): Migration als Ressource. Zur Pendelmigration polnischer Frauen in Privathaushalte der Bundesrepublik. Opladen und Farmington Hills.

Pries, L. (2010): Transnationalisierung. Theorie und Empirie grenzüberschreitender Vergesellschaftung. Wiesbaden.

Dominika
Barbara Städtler-Mach

Bei den Gesprächsrunden mit polnischen Frauen, die in deutschen Haushalten arbeiten, fällt Dominika durch ihr Äußeres auf: Sie ist deutlich jünger als die anderen, extrem blondiert, an einem Unterarm tätowiert und sehr modisch gekleidet. Sie spricht ein bisschen Englisch, was sie mit deutschen Worten anreichert. Dominika spricht sehr schnell, sowohl in Polnisch als auch in ihrer für die deutsche Arbeit eingesetzten Mischung aus (wenig) Englisch und (noch weniger) Deutsch. Dass sie von der alten Frau, die sie betreut, nicht verstanden wird, ärgert sie sehr.

Die sprachliche Verständigung ist nicht das einzige Problem, von dem Dominika berichtet: Ihr Zusammensein mit der Frau, bei der sie zur Betreuung irregulär tätig ist, bezeichnet sie als Katastrophe. Dass sie trotzdem bei ihr bleibt und in diesem Haushalt weiterarbeitet, liegt in ihrer Situation im Heimatland Polen begründet.

Dominika lebt in einem Trennungsprozess von ihrem Mann, der sie verlassen hat. Nach ihren Aussagen verdient er sehr gut, unterstützt sie aber in keiner Weise mehr. Der einzige Sohn ist siebzehn, lebt während der Schulzeit in einem Internat, das der Vater finanziert, während der Ferien bei der Oma, Dominikas Mutter. Dominika selbst hat in Polen keine eigene Wohnung mehr. Sie konnte sich die Miete nicht mehr leisten und musste die Wohnung aufgeben.

Als sie von der Möglichkeit, in deutschen Haushalten als Unterstützung für alte Pflegebedürftige zu arbeiten, hört, – so sagt sie – ist sie zwiespältig. Sie hat keine Erfahrung und keine Lust, mit alten Menschen zusammenzuleben und für sie zu »schuften«. Allerdings reizt sie die Aussicht, in Deutschland zu leben. Ihr Traum ist es, einen deutschen Mann in ihrem Alter, Ende dreißig, kennenzulernen und als seine Frau in Deutschland zu leben. Diesem Traum zuliebe macht sie sich auf den Weg in unbekannte Verhältnisse, diesem Traum zuliebe hält sie auch durch, eines Tages – da ist sie sich sicher – wird er in Erfüllung gehen.

Dominika kommt über die sogenannte Mund-zu-Mund-Vermittlung nach Deutschland. Die Frau, bei der sie jetzt arbeitet, hatte vor ihr schon Unterstützung durch eine andere Polin, die aber von dort weg und nicht mehr zurück wollte. Durch diese Polin bekommt Dominika die Adresse und meldet sich dort.

Der Anfang verläuft gut: Die alte Dame ist froh, dass wieder jemand bei ihr ist. Sie ist körperlich angeschlagen, nach mehreren Krankheiten auch wirklich unterstützungsbedürftig. In ihrem Willen und in ihrer Art zu denken, ist sie ungebrochen: Für sie ist klar, dass sie in ihrem Haus entscheidet, was passiert, insbesondere, dass sie über die Arbeit und vor allem über die Zeit »der Polin«, die bei ihr arbeitet, bestimmt.

Die Unterbringung ist in dem großzügig angelegten Haus gut geregelt, Dominika hat ein Zimmer und ein Bad für sich. Vor allem kann sie das Auto der Besitzerin verwenden, die selbst nicht mehr Auto fährt, aber gerne die Unabhängigkeit eines Wagens und jetzt auch (wieder) einer Fahrerin schätzt. Die Tatsache, dass Dominika einen Führerschein hat, schlägt sich auch mit zusätzlichen hundert Euro in der Bezahlung nieder.

Von diesen Rahmenbedingungen ist Dominika sehr angetan. Da es sich bei ihrer »Arbeitgeberin« nicht um eine wirklich pflegebedürftige Frau handelt, ist sie mit den vorgesehenen Tätigkeiten auch ganz zufrieden: Haushalt führen, mit dem Auto Fahrten mit und für die alte Dame erledigen, Arztbesuche organisieren etc. findet sie gut. Körperliche Pflege wie Begleitung beim Toilettengang oder Unterstützung beim Waschen und Ankleiden kann sie sich nicht vorstellen.

Dominika genießt die ersten Einkäufe in deutschen Geschäften, das Warenangebot fasziniert sie, obwohl vieles davon auch in Polen zu kaufen ist. Sie kauft großzügig ein, was in Kürze zum ersten Konflikt führt: Als sie anhand der Kassenbons mit der alten Dame abrechnen soll, fehlt Geld, außerdem wird ihr vorgeworfen, zu viel auszugeben. Einkaufen wird zu einer kontrollierten Unternehmung, was Dominika als Misstrauen ihr gegenüber empfindet.

Ihr größtes Problem wird das Essen: Die alte Dame möchte nicht, dass sie gemeinsam essen, Dominika soll nach ihr in der Küche essen, während sie im Speisezimmer bedient werden möchte. Zu Anfang vermutet Dominika, dass dies an ihren Sprachkenntnissen liegt. Sie kann sich nicht angemessen unterhalten, was einerseits an ihre Mischung aus Englisch und Deutsch, andererseits an ihrem schon erwähnten ungeheuer schnellen Sprechtempo liegt. Die von ihr betreute Frau ist schwerhörig und hat Probleme, sich mit Dominika zu verständigen.

Tatsächlich geht es aber um etwas anderes: Dominika soll allein essen, weil sie auch anderes Essen für sich zurechtmachen muss. Aus der Sicht ihrer »Arbeitgeberin« isst sie zu viel und verbraucht dafür zu viel Geld. In der konkreten Situation bedeutet das beispielsweise: Für die alte Dame soll Dominika zum Sonntag Fleisch besorgen und entsprechend zubereiten, für Dominika gibt es nur Brote. Auch der Brotbelag wird rationiert: Dominika darf für sich nur kleine Mengen von der billigsten Wurst besorgen und verbrauchen.

In der Gesprächsrunde mit anderen Polinnen schildert sie, dass sie hungrig bleibt und ihr in dem deutschen Haushalt weniger zum Essen zur Verfügung steht, als sie in den schlechtesten Zeiten in Polen hatte.

Der Umgang der alten Frau mit Dominika wird fast von Tag zu Tag belasteter. Als Dominika dort anfängt zu arbeiten, sind die Tage regnerisch und grau. Nach einer Woche wird es heller und sonniger, was dazu führt, dass es zu einem nächsten Konflikt kommt: Dominika muss in ihrem Zimmer den ganzen Tag die Jalousien geschlossen halten, damit das Sofa nicht vom Sonnenlicht ausgebleicht wird.

Ein weiterer Konfliktpunkt sind die Telefongespräche mit ihrem Sohn nach Polen. Dominika besitzt ein Handy, von dem aus sie telefoniert. Vonseiten der alten Frau wird ihr jedoch unterstellt, sie würde das Festnetz-Telefon benutzen und Kosten produzieren. Obwohl das natürlich nicht nachgewiesen werden kann, zieht ihr die »Arbeitgeberin« fünfzig Euro vom – in die Hand bezahlten – Lohn ab.

Dominika wird von Tag zu Tag enttäuschter und damit unwilliger zu einer konstruktiven Zusammenarbeit. Durch Telefonate holt sie sich Unterstützung von anderen Polinnen, die ihr in allen schwierigen Punkten raten, sich nicht unterkriegen zu lassen und zu bleiben.

Nach acht Wochen ist sie allerdings so weit, dass sie nicht mehr nur hinnimmt, was sie stört und beschwert, sondern zum »Gegenangriff« übergeht. Sie ärgert sich vor allem über die kleinlichen Berechnungen beim Einkaufen, sodass Dominika von den gekauften Lebensmitteln noch vor dem Nach-Hause-Kommen für sich etwas abzweigt. Sie reduziert die Kontakte mit der alten Frau auf das Notwendigste, was für ein paar Tage Entspannung bringt, aber keine wirkliche Lösung der angeschlagenen Beziehung darstellt.

Das Verhältnis eskaliert, als Weihnachten näherkommt. Dominika hat sich vorgestellt, dass ihr Sohn zu ihr kommt und über die Feiertage mit im Zimmer der Mutter wohnt. Ursprünglich ist sie davon ausgegangen, dass sie auf diese Weise ganz angenehme Feiertage im deutschen Haushalt verbringt. Als Dominika ihrer »Arbeitgeberin« mitteilt, dass ihr Sohn in wenigen Tagen eintreffen wird, sagt ihr die alte Frau, sie wüsste von dieser Vereinbarung nichts und auf keinen Fall könnte er über Weihnachten hierbleiben. Dominika ist wütend und lässt ihren Sohn trotzdem kommen, zumal er seine Fahrkarte bereits bezahlt hat.

Am ersten Nachmittag seiner Anwesenheit fährt Dominika mit ihm in die nächstgelegene Stadt, um in einem vorweihnachtlichen Einkaufsbummel Geschenke für ihren Sohn und sich zu besorgen. Sie erzählt, dass sie ihm alle Wünsche erfüllen möchte und keine Rücksicht auf ihre finanzielle Lage nimmt. Es passt gut, dass ihr an diesem Tag ihr Lohn ausbezahlt wird, etwas früher als sonst, was von der alten Frau als große Geste der Unterstützung benannt wird.

So braucht der junge Mann beispielsweise Schuhe, kann sich aber bei den vorhandenen Angeboten nicht entscheiden. Dies führt dazu, dass Dominika ihm zwei Paar Schuhe kauft und für sich selbst auch eines, weil sie sich im Schuhgeschäft in die Schuhe verliebt habe.

Als sie mit den Paketen zurückkommen, sagt ihr die von ihr betreute Frau, dass sie am nächsten Tag – ein Tag vor Heiligabend – den Sohn nicht mehr im Haus sehen möchte. Dominika ist außer sich und telefoniert mit anderen Polinnen, um sich zu beraten. Die Hilfe kommt ganz unerwartet: Weil eine Polin zu ihrer Mutter, die erkrankt ist, nach Polen fahren möchte und den von ihr betreuten Mann nicht über Weihnachten versorgen kann, ist dort eine Vertretung herzlich willkommen. Dominika packt noch am gleichen Abend ihre Sachen und geht unter großem Schimpfen aus dem Haus.

Die Weihnachtstage verlaufen sehr entspannt, weil der alte Herr und seine Angehörigen sehr froh sind, dass so kurzfristig eine Vertretung eingesprungen ist. Dominika kann für sich und ihren Sohn mitkochen und die Tage so gestalten, dass es für die beiden ein angenehmes Fest wird. Nach den Feiertagen, als ihr Sohn wieder abgereist ist, ruft Dominika bei ihrer bisherigen Stelle an, um sich zurückzumelden. Die alte Frau teilt ihr mit, dass sie sie nicht mehr bei sich haben möchte.

Dominika hat inzwischen seit längerem Kontakt mit einem Mann in einem anderen Teil Deutschlands, den sie durch das Internet kennengelernt hat. Zu ihm – so sagt sie – wird sie jetzt ziehen. Die Runde der polnischen Frauen, mit denen sie mehrfach zusammengesessen und von ihrer schwierigen Lage berichtet hat, hört von ihr nichts mehr. Möglicherweise ist der Traum von einem Mann in Deutschland tatsächlich wahr geworden.

Fairness und Autonomie in der Betreuung in häuslicher Gemeinschaft – Ergebnisse einer empirischen Studie

Arne Petermann, Giorgio Jolly, Katharina Schrader

Einleitung

Die Betreuung in häuslicher Gemeinschaft (kurz BihG) ist eine pflegerisch niederschwellige, aber zeitlich intensive Versorgungsform für Pflegebedürftige, die trotz erheblicher Hilfsbedürftigkeit zu Hause versorgt werden. Dabei ziehen zum großen Teil aus Zentral- und Osteuropa stammende Betreuungspersonen wochenweise in den Haushalt der pflegebedürftigen Person ein und versorgen diese. Die Betreuungspersonen übernehmen hierbei vornehmlich die hauswirtschaftliche, betreuerische und grundpflegerische Versorgung (vgl. Petermann et al. 2017, S. 6). Die Anzahl der in Deutschland tätigen Betreuungspersonen aus Osteuropa ist erheblich. So gibt der Verband für häusliche Betreuung und Pflege an, dass in über 250.000 deutschen Haushalten Betreuungspersonen in häuslicher Gemeinschaft beschäftigt sind (vgl. VHBP 2018). Dies entspricht bei 2,3 Betreuungspersonen je Haushalt, die sich über das Jahr i. d. R. im mehrwöchigen Turnus abwechseln, etwa 700.000 ausländischen Betreuungspersonen, die im Laufe eines Jahres in Deutschland tätig sind. Schätzungen von Branchenexperten zufolge sind ca. 90 % dieser Betreuungspersonen schwarz beschäftigt (vgl. VHBP 2018). Grundsätzlich ist diese Versorgungsform aufgrund der beherrschenden Verbreitung informeller Arrangements und den damit einhergehenden Erfassungsschwierigkeiten empirisch bisher kaum erforscht.

Die Kritik gegenüber dem Modell der Betreuung in häuslicher Gemeinschaft (kurz BihG) ist vielfältig und stark verbreitet. Unter anderem ist immer wieder von ausbeuterischen und unfairen Verhältnissen die Rede (vgl. Hielscher et al. 2017, S. 97; vgl. Weisse 2018, S. 65; vgl. Emunds 2016, S. 138). Diese Kritik beruft sich allerdings auf empirische Einzelfälle, ohne dass eine umfassende quantitative Datenbasis vorliegt. Nach Kenntnisstand der Autor*innen wurde die Perspektive der ausländischen Betreuungspersonen, die in der BihG tätig sind, in Bezug auf Fairness bisher nicht systematisch einer quantitativen Untersuchung unterzogen. Ferner wird in der Literatur, insbesondere der Literatur, die das Versorgungsmodell grundsätzlich ablehnt, häufig nicht ausreichend zwischen informellen (Schwarzmarkt) und formellen, durch Qualitätsstandards und Arbeitsschutzstandards gesicherten Beschäftigungsverhältnissen differenziert.

Naheliegend und für anderen Branchen bereits gezeigt ist, dass illegale Beschäftigung zu starken Verwerfungen und ethischen Schieflagen in Bezug auf Fairness-Situation von Beschäftigten führt. Sie wird deshalb zu Recht unter ethischer Perspektive abgelehnt. Wie verhält es sich aber bei den formal legalen Beschäftigungsverhältnissen der BihG?

Hier setzt die vorliegende Forschungsarbeit an. Eine im Jahr 2017 von Petermann et al. durchgeführte Studie bezüglich der Betreuung in häuslicher Gemeinschaft konzentrierte sich auf die Ermittlung des Tätigkeitsprofils der Betreuungspersonen ihG. Im Rahmen dieser Studie wurden neben dem Tätigkeitsprofil auch Hinweise auf Fairness und Autonomieempfindung der Betreuungspersonen erhoben, um einen ersten Einblick der Betreuungspersonen bezüglich dieser Themen zu erhalten. Diese Studie hat sich an dem vierdimensionalen Modell nach Colquitt et al. (2001) orientiert, jedoch wurde jede Fairnessdimension mit nur einer Frage abgedeckt. Aus diesem Grund liefern diese Ergebnisse erste Einschätzungen in Bezug zu Fairness und Autonomie, die Messung führte jedoch nicht zu verallgemeinerungsfähigen Ergebnissen.

Erste Hinweise zeigten jedoch, dass die Betreuungspersonen selbst eine überwiegend positive Wahrnehmung in Bezug auf Fairness ihrer Beschäftigungssituation haben. Aufgrund dieser gegensätzlichen Ergebnisse in Literatur und empirischer Erhebung wurde die vorliegende Studie zur Messung von Fairness und Autonomie in der ambulanten Versorgung durchgeführt. Ein Teil dieses Forschungsprojektes ist es, die Perspektive der ausländischen Betreuungspersonen in Bezug auf Fairness und Autonomie zu erfassen. Die theoretischen Grundlagen der Konzeption von Fairness und

Autonomie, die Methode und die Ergebnisse werden im Folgenden vorgestellt.

Theoretische Grundlagen und Konzeption von organisationaler Fairness und Autonomie und deren Operationalisierung

Fairness und Autonomie im Kontext der organisationalen Gerechtigkeit stellen zwei wesentliche Dimensionen dar, die die Zufriedenheit und Lebensqualität im Rahmen von Beschäftigungsverhältnissen prägen und so auch die Arbeitsmotivation signifikant beeinflussen (vgl. Kauffeld 2018, S. 255; vgl. Frey/Osterloh 2002, S. 199 ff.). Werden Handlungen nicht als fair empfunden, hat das sogar zur Folge, dass die Arbeitsmotivation sinkt (vgl. Frey/Osterloh 2002, S. 199 ff.). Kritische Verwerfungen in den Dimensionen Fairness und Autonomie führen zu ethischen und auch arbeitsrechtlichen Herausforderungen (vgl. zum Beispiel die Frage nach der rechtlichen Differenzierung von abhängiger bzw. nicht-abhängiger Beschäftigung, die stark – wenn auch nicht ausschließlich – von der Autonomie des Beschäftigten abhängt sowie die rechtlichen Implikationen von sittenwidrigen Vereinbarungen).

Im Bereich der Betreuung in häuslicher Gemeinschaft liegen bisher keine quantitativen Daten in Bezug auf wahrgenommene Fairness und Autonomie durch die Beschäftigten vor. Gerade im Bereich der häuslichen Pflege, speziell die Arbeit durch ausländische Betreuungspersonen betreffend, die meist aus Osteuropa stammen und die hilfsbedürftigen Personen versorgen, wird in der Literatur dennoch verallgemeinernd von unfairen und ausbeuterischen Verhältnissen gesprochen (vgl. z. B. Emunds 2016, S. 138). Die Wichtigkeit der empfundenen Fairness von Pflegepersonal im Gesundheitswesen zeichnet sich aber gerade dadurch aus, dass soziales Vertrauen und Fairness Schlüsselfaktoren der menschlichen Motivation darstellen (vgl. Falk 2014, S. 2) und deshalb für ein nachhaltiges und qualitativ hochwertiges Pflegearrangement von grundsätzlicher Bedeutung sind.

Für die Erarbeitung des Messinstrumentes zum Thema Fairness wurde das Modell der organisationalen Gerechtigkeit nach Colquitt et al. (2001) gewählt, dessen Erhebungsinstrumentarium von Mayer et al. (2007) erfolgreich in den deutschen Sprachraum übertragen wurde und zu den anerkanntesten Modellen der quantitativen Messung von Fairness in Beschäftigungsverhältnissen zählt. Fairness wurde von Colquitt et al. und Maier et al. in vier Dimensionen unterteilt: distributive Fairness, interpersonale Fairness, prozedurale Fairness und informationale Fairness.

Die Dimension der *distributiven Fairness* beschreibt, dass Fairness bei der Verteilung von Ergebnissen dann erreicht wird, wenn das Verhältnis des eigenen Beitrags zum eigenen Ertrag dem von Vergleichspersonen entspricht (vgl. Adams 1965, S. 272 ff.). Bei der *prozeduralen Fairness* geht es um den Prozess der Entscheidungsfindung (vgl. Leventhal 1980, S. 16 ff.). So nehmen Beschäftigte einen Prozess als fairer war, wenn sie Mitsprachemöglichkeiten im Entscheidungsprozess haben (vgl. Maier et al. 2007, S. 98). Die *interpersonale Fairness* bezieht sich auf die Wahrnehmung der sozialen Interaktion bei der Entscheidungsfindung während des Entscheidungsprozesses. Das heißt, es wird beurteilt, wie viel Respekt der Person entgegengebracht wird, die von der Entscheidung betroffen ist (vgl. Maier 2007, S. 99). Die interpersonale Fairness bezieht sich im Rahmen dieser Arbeit im Wesentlichen auf das Verhältnis zwischen Betreuungsperson und den Menschen, mit denen die Betreuungsperson im Rahmen ihrer Tätigkeit überwiegenden Kontakt hat, insbesondere die pflegebedürftige Person, Angehörige und ggf. Mitarbeiter*innen der beteiligten Unternehmen. Die *informationale Fairness* bezieht sich darauf, inwiefern das Informationsverhalten der entscheidungstreffenden Person wahrheitsgemäß ist, Begründungen und spezifische Informationen enthält sowie zeitnah erfolgt (vgl. Maier et al. 2007, S. 99).

Neben der Messung von Fairness soll auch der Grad der Autonomie der Betreuungspersonen gemessen werden, der sowohl für die ethische als auch für die juristische Beurteilung der Versorgungsform der BihG relevant ist. Im Rahmen dieser Arbeit wurde die weit verbreitete Selbstbestimmungstheorie nach Deci und Ryan (2000, 2008) herangezogen, die Autonomie als ein Grundbedürfnis operationalisiert, das je nach Mensch und Situation unterschiedlich stark ausgeprägt und erfüllt sein kann. Die Konzeption eignet sich daher, zu messen, inwiefern die Betreuungspersonen ein Verlangen danach haben, ihre Entscheidungen und Handlungen selbstbestimmt vornehmen zu können (Bedürfnis nach Autonomie) und in welchem Umfang ein hoher Selbstbestimmungsgrad im Rahmen der Beschäftigung tatsächlich vorliegt (Autonomiewahrnehmung in der Realität des Beschäftigungsverhältnisses).

Methodik der Datenerhebung

Ziel der Erhebung war es, mit einer großzahligen quantitativen Datenerhebung die Einschätzung der Betreuungspersonen in häuslicher Gemeinschaft in Bezug auf Fairness und Autonomie zu beschreiben. Es handelt sich bei dieser empirischen Datenerhebung um eine deskriptive quantitative Primärforschung.

Die Grundgesamtheit aller in der Betreuung in häuslicher Gemeinschaft Beschäftigter ist nicht bekannt, da sich der Großteil im Schwarzmarkt den üblichen Erfassungs- und Erhebungsmethoden entzieht. Da eine Untersuchung von Fairness in illegalen Beschäftigungsverhältnissen, wie schon eingangs argumentiert, nicht sinnvoll erscheint, versucht die vorliegende Studie deshalb, die Teilmenge der in formellen Beschäftigungsverhältnissen tätigen Personen zu erfassen. Aus Budgetgründen konzentriert sich die Befragung ferner auf die größte nationale Gruppe der polnischen Betreuungspersonen. Damit trotzdem eine möglichst repräsentative Stichprobe erhoben werden konnte, wurden mithilfe des größten Branchenverbandes (vgl. VHBP) flächendeckend über eine Vielzahl von polnischen und deutschen Unternehmen Kontakt zu polnischen Betreuungspersonen hergestellt, die den Fragebogenlink zugesandt bekamen. Weitere Studienteilnehmer*innen wurden zufällig über Werbung in sozialen Netzwerken und auf formellen und informellen Stellenbörsen rekrutiert, über die polnische Betreuungspersonen sich austauschen.

Um die Anonymität der Befragten zu wahren und einen durch unterschiedliches Niveau deutscher Sprachekenntnisse entstehenden Bias zu vermeiden, wurde die Befragung online und in polnischer Sprache durchgeführt (vgl. Scholl 2015, S. 57). Trotz des komplexen Themas war es wichtig, die Fragen so einfach wie möglich zu formulieren, um Missverständnisse zu minimieren. Die Fragen bzw. Aussagen wurden so gewählt, dass sie den einzelnen Dimensionen der Fairness zuzuordnen sind.

Die Validität des vier-faktoriellen Fairnessmodells wurde bereits durch Maier et al. 2007 nachgewiesen und kann somit zur Messung von Fairness der Betreuungspersonen übernommen werden. Die Aussagen zur Autonomie weisen alle einen direkten Bezug zur Konzeption von Deci und Ryan (2000, 2008) auf. Durch die Operationalisierung der Begriffe sollen Fairness und Autonomie messbar gemacht werden (vgl. Raab-Steiner/Benesch 2015, S. 26).

Der Fragebogen gliedert sich in drei Themenkomplexe. Um im Nachhinein die Befragten einzugruppieren, beziehen sich die ersten Fragen auf Ausbildungsstand und Beruf, damit nachher die Vergleichbarkeit bzw. Zusammenhänge verschiedener Merkmale erfasst werden können. Hierzu werden Fragen zu Geschlecht, Alter, Berufsgruppe, höchster pflegerischer Ausbildung, Länge der Tätigkeit in der Pflege, rechtlichem Beschäftigungsverhältnis, Deutschkenntnissen, Nettoeinkommen und dem Umfang der Tätigkeit gestellt. Die personenbezogenen Daten werden am Schluss der Befragung erbeten, da diese Fragen als Eindringen in die Privatsphäre gesehen werden könnten (vgl. Noelle-Neumann/Petersen 1998, S. 120). Im zweiten Themenkomplex werden Fragen zum Autonomiebedürfnis und zur Autonomieempfindung gestellt. Als dritter und letzter Themenkomplex werden Fragen zu den unterschiedlichen Dimensionen der Fairness gestellt.

Bei der Skalierung handelt es sich um eine Likert-Skala. Diese Skalierung ist so gestaltet, dass sich die Befragten innerhalb einer Bewertungsskala einsortieren müssen: (1.) volle Zustimmung, (2.) teilweise Zustimmung, (3.) teilweise Ablehnung, (4.) volle Ablehnung, (5.) weiß nicht (vgl. Hüttner/Schwarting 2002, S. 115). Es werden ausschließlich geschlossene Fragen gestellt, damit bei der Auswertung Häufigkeiten festgestellt und so mögliche Zusammenhänge durch statistische Analysen aufgedeckt werden können (vgl. Scholl 2015, S. 162).

Der Fragebogen wurde in deutscher Sprache erstellt und von polnischen wissenschaftlichen Mitarbeiter*innen des Forschungsprojektes ins Polnische übersetzt, um Verständnisproblemen bei der Beantwortung des Fragebogens vorzubeugen. Es wurde eine gerade

Anzahl (4) an Antwortmöglichkeiten gewählt, damit die Befragten sich für eine Richtung entscheiden müssen und eine »Flucht« in die Mitte vermieden werden kann (vgl. Scholl 2015, S. 168). Die Fragen zum Themenkomplex »Autonomie« sollen im ersten Schritt das Bedürfnis nach Autonomie erfassen und im zweiten Schritt die in der Realität wahrgenommene Autonomie. Dies ist wichtig, um nachher festzustellen, ob es Differenzen zwischen dem Bedürfnis nach Autonomie im Privatleben und Autonomie im Berufsalltag gibt.

Die Fragen zur wahrgenommenen Fairness werden indirekt zu den Dimensionen gestellt, da im Vergleich zu den direkten Fragen die Forschungsergebnisse von Colquitt et al. eine höhere Korrelation ergaben (vgl. Colquitt et al. 2001, S. 438). Aufgrund der Antworten der indirekten Fragen zur Fairness wird dann auf die wahrgenommene Fairness geschlossen. Die Fairnessfragen wurden so modifiziert, dass sie auf den Pflegekontext passen und zur jeweiligen Fairnessdimension zuzuordnen sind.

Ergebnisse der quantitativen Befragung

Merkmale der Studienteilnehmer*innen

Insgesamt wurden 336 Datensätze im Zeitraum vom 14.11.2018 bis zum 09.12.2018 erhoben. Nach der Entfernung unvollständiger Datensätze resultiert ein Datensatz von 255 teilgenommenen Betreuungspersonen.

Demografische Merkmale und Sprachkenntnisse

93,3 % (absolut 238) der Proband*innen waren weiblich, 5,5 % (absolut 14) waren männliche Betreuungspersonen und 1,2 % (absolut 3) der Probanden gaben ihr Geschlecht nicht an. Eine in etwa gleiche Geschlechterverteilung weist auch die Tätigkeitsstudie von Petermann et al. auf, bei der 93,3 % weiblich waren und 6,7 % männlich (vgl. Petermann et al. 2017, S. 13). Das Durchschnittsalter beträgt exakt 52 Jahre, bei der Studie von Petermann et al. betrug das Durchschnittsalter 51 Jahre (vgl. Petermann et al. 2017, S. 14).

79,2 % (absolut 202) gaben an, über mindestens befriedigende Deutschkenntnisse zu verfügen, 20 % (absolut 51) der Betreuungspersonen gaben an, Grundkenntnisse der deutschen Sprache zu besitzen. Nur 0,8 % (absolut 2) gaben an, dass sie nicht über Deutschkenntnisse verfügen.

90,1 % (absolut 230) der Befragten gehen ihrer Tätigkeit in Vollzeit nach. 9,4 % (absolut 24) der Befragten gaben an, in Teilzeit zu arbeiten, und eine Person gab an, die Arbeit ehrenamtlich zu vollziehen (vgl. Abb. 1).

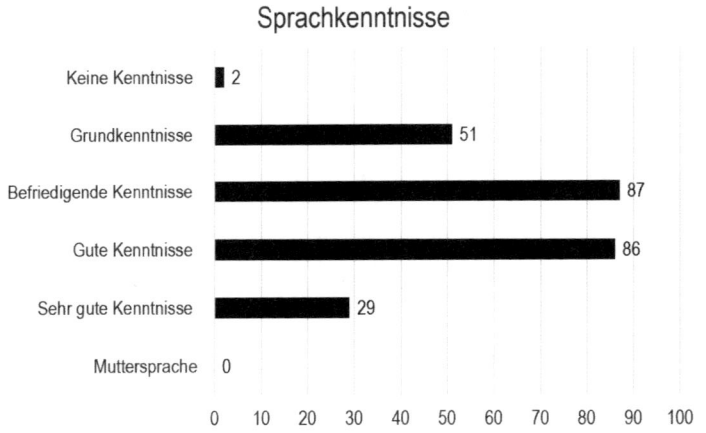

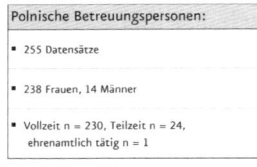

Abb. 1: Merkmale der Teilnehmer der Stichprobe

Berufserfahrung und Ausbildungsstand

Von den 255 Befragten können 96,9 % (absolut 247) mindestens ein Jahr Berufserfahrung nachweisen. 57,3 % üben den Beruf sogar bereits seit über fünf Jahren aus. Lediglich 3,1 % gaben an, weniger als ein Jahr in der Betreuung in häuslicher Gemeinschaft zu arbeiten. Dies lässt vermuten, dass die Teilnehmer*innen über genügend Erfahrung verfügen, um sich zu Aspekten organisationaler Gerechtigkeit und Autonomie in ihrem Arbeitsleben äußern zu können.

Unter den Proband*innen gab es 9 Personen (3,5 %), die angaben, eine dreijährige Pflegeausbildung absolviert zu haben. 33 Personen (12,9 %) gaben an, eine Ausbildung zur Pflegehilfskraft oder eine vergleichbare Weiterbildung abgeschlossen zu haben. 79,2 % (absolut 202 Personen) gaben an, Erfahrung in der Betreuung und Pflege zu haben, jedoch keine Ausbildung. Eine klassische Ausbildung, wie sie in Deutschland üblich ist, können die Betreuungspersonen in der Regel nicht nachweisen und selbst wenn sie solche vorlegen, sind diese Ausbildungen in Deutschland in der Regel nicht anerkannt (vgl. Abb. 2).

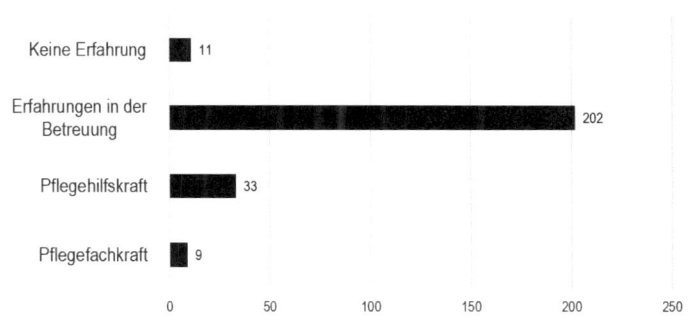

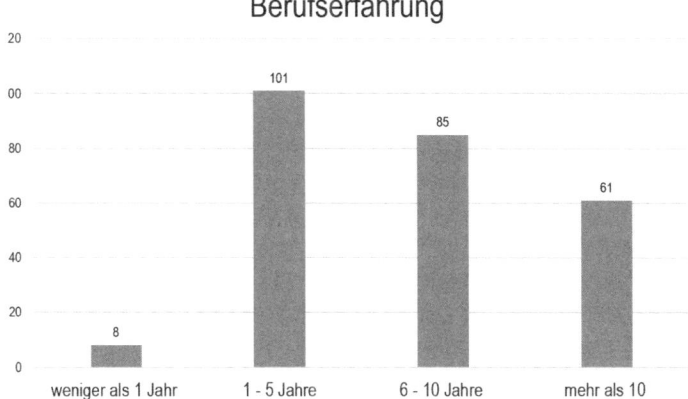

Abb. 2: Ausbildungstand und Berufserfahrung

Art des Beschäftigungsverhältnisses und Einkommen

Von den 255 Betreuungspersonen bildet die größte Gruppe 48 % (absolut 124) der Betreuungspersonen, die angegeben haben, als Mitarbeiter*in eines ausländischen Unternehmens tätig zu sein. Gefolgt von 23 % (absolut 58) der Betreuungspersonen, die angegeben haben, selbstständig tätig zu sein. Jeweils 14 % (absolut je 35) gaben an, entweder bei einem deutschen Unternehmen oder über ein anderes rechtliches Beschäftigungsverhältnis tätig zu sein. 1 % (absolut 3) der Betreuungspersonen gab an, ihrer Tätigkeit in Schwarzarbeit nachzugehen.

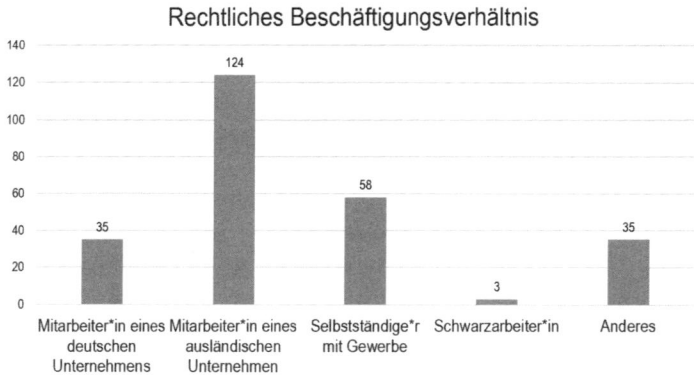

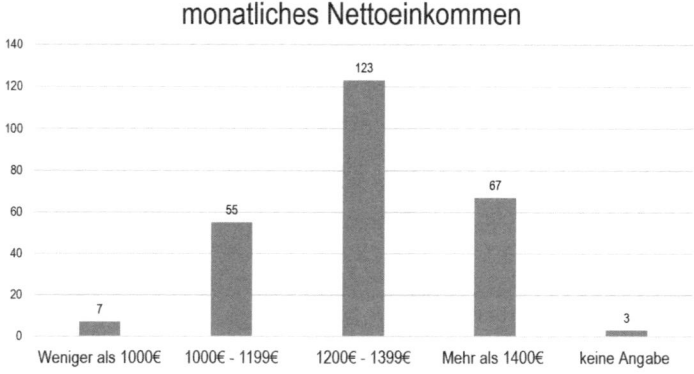

Abb. 3: Beschäftigungsverhältnis und Einkommen

48,2 % (absolut 123) der Betreuungspersonen und damit die größte Gruppe gaben an, zwischen 1200 €–1399 € netto zu verdienen. 26,3 % (absolut 67) gaben an, dass sie sogar über 1400 € verdienen. 21,5 % (absolut 55) gaben an, zwischen 1000 €–1199 € zu verdienen und 2,7 % (absolut 7) gaben an, weniger als 1000 € zu verdienen (vgl. Abb. 3).

Vergleicht man das Nettoeinkommen mit der Studie von Petermann et al. aus dem Jahr 2017, so ist eine erhebliche Steigerung des Nettogehalts der Betreuungspersonen von etwa 150 Euro im Durchschnitt zu erkennen (vgl. Petermann et al. 2017, S. 21 ff.).

Auswertungen der quantitativen Daten zu Bedürfnis und tatsächlicher Autonomie im Beschäftigungsverhältnis

Da die Fairness- und Autonomieerfassung immer durch Zusammenführung mehrerer Items generiert wurde, um ein Konstrukt zu messen, ergeben sich die folgenden Ergebnisse immer durch Aggregation mehrerer zu bewertender Aussagen. Die Ergebnisse werden dann in Prozentangaben dargestellt. Die absoluten Zahlen bedeuten jedoch nicht, dass diese Anzahl an Personen durchgehend die Aussagen zum jeweiligen Konstrukt mit der gleichen Antwortmöglichkeit angegeben haben. Zur besseren Darstellung der Daten wurde lediglich die mit Häufigkeiten ermittelten angegebene Prozentzahl in absoluten Zahlen umgerechnet, um zu verdeutlichen, wie viele Personen die jeweilige Antwortmöglichkeit insgesamt in diesem Konstrukt ausgewählt haben.

Die Fragen zur Autonomie richteten sich, wie oben bereits erläutert, nach der Selbstbestimmungstheorie von Deci und Ryan (2008). Es wurde zum Zweck einer Differenzbetrachtung in der Erhebung zwischen dem Bedürfnis nach Autonomie und der wahrgenommenen Autonomie unterschieden.

Betrachtet man die Ergebnisse nach dem individuellen Bedürfnis nach Autonomie, kann festgestellt werden, dass die ganz überwältigende Mehrheit von 92,9 % (absolut 237) der Befragten ein hohes Bedürfnis nach Autonomie hat, da sie hiermit korrespondierende Aussagen mit *Ja, ich stimme voll zu* oder *Ja, ich stimme teilweise zu* beantwortetet (vgl. Abb. 4).

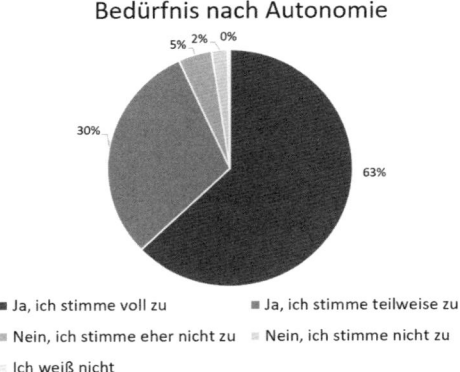

Abb. 4: Bedürfnis nach Autonomie

Nur 4,4 % (absolut 13) stimmten den Aussagen eher nicht zu und weitere 2,1 % (absolut 5) stimmten den Aussagen nicht zu (0,3 %, absolut 4, machten keine Angaben und gaben *ich weiß nicht* an). So kann laut der Selbstbestimmungstheorie von Deci und Ryan davon ausgegangen werden, dass das Bedürfnis nach Autonomie bei legal Beschäftigten in der Betreuung in häuslicher Gemeinschaft in sehr hohem Maße gegeben ist (vgl. Deci/Ryan 2008, S. 183).

Schaut man sich die Ergebnisse der Datensätze zur wahrgenommenen Autonomie in der Realität an, kann auch hier, im Gegensatz zu den Behauptungen der Kritik (vgl. Emunds 2016, S. 73), ein positiv wahrgenommenes Autonomieempfinden nachgewiesen werden: Mit 77,2 % (absolut 197) wurden Aussagen zu wahrgenommener großer Autonomie in der Realität mit *Ja, ich stimme voll zu* oder *Ja, ich stimme teilweise zu* beantwortet. Dies entspricht in etwa auch den Ergebnissen der Studie von Petermann et al., die zwar weniger, aber teilweise ähnliche Fragen gestellt hatte und eine Zustimmung zwischen 77 und 81 % erlangte (vgl. Petermann et al. 2017, S. 26 ff).

14,9 % (absolut 38) stimmten den Aussagen eher nicht zu und 7,6 % (absolut 18) stimmten den Aussagen zur wahrgenommenen Autonomie nicht zu. 0,7 % (absolut 2) der Betreuungspersonen gaben an, dass sie es nicht wissen (vgl. Abb. 5).

Fairness und Autonomie in der Betreuung

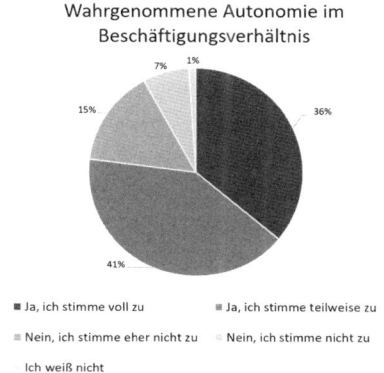

Abb. 5: Wahrgenommene Autonomie

Es gibt eine hohe Diskrepanz zwischen dem großen Bedürfnis nach Autonomie (92,9 %) und der wahrgenommenen hohen Autonomie-Ausprägung in der Realität des Beschäftigungsverhältnisses (77,2 %), da es im Bereich der Pflege unter Berücksichtigung des Gesundheitszustandes der hilfsbedürftigen Personen gewisse Tagesstrukturierungen benötigt, die eingehalten werden müssen und sich somit auf die Autonomie von Betreuungspersonen auswirken. Insgesamt kann aber zusammenfassend festgehalten werden, dass eine Zustimmung von etwa 77 % für eine in der Realität häufig als hoch wahrgenommene Autonomie im Berufsfeld der Betreuung in häuslicher Gemeinschaft spricht.

Auswertung der quantitativen Daten zur organisationalen Fairness

Auswertung Prozedurale Fairness

Die Ermittlung der prozeduralen Fairness wurde durch sieben Aussagen ermittelt, die dann im Rahmen der Auswertung zum Konstrukt aggregiert wurden. Es kann festgehalten werden, dass 76,5 % (absolut 195) der Betreuungspersonen sich im Hinblick auf die prozedurale Fairness fair behandelt fühlen.

9,9 % (absolut 25) stimmten eher nicht zu, 11,4 % (absolut 29) stimmten nicht zu. 2,2 % (absolut 6) gaben *Ich weiß nicht* an (vgl. Abb. 6).

Abb. 6: Prozedurale Fairness

Auswertung Distributive Fairness

Den Aussagen zur distributiven Fairness stimmten nur 45 % (absolut 115) voll bzw. teilweise zu. Da 28 % und 25 % – in Summe 53 % (absolut 135) – die Aussagen mit *Ich stimme nicht zu* und *Ich stimme eher nicht zu* beantwortet haben, kann die Fairnesswahrnehmung dieser Dimension als sehr gespalten bewertet werden (vgl. Abb. 7).

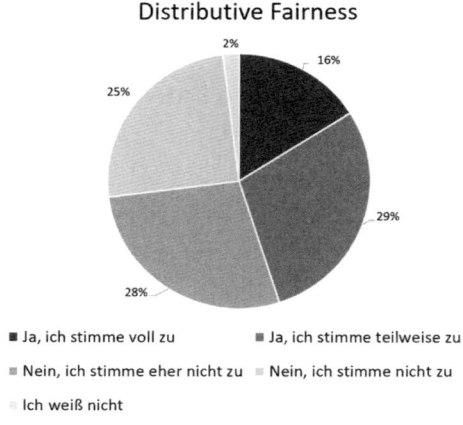

Abb. 7: Distributive Fairness

Der Anteil an Betreuungspersonen, die die distributive Fairness als nicht erfüllt ansehen, ist größer als der Anteil der Betreuungspersonen, die sich diesbezüglich fair behandelt fühlen. Eine Erklärung für diese gespaltene Wahrnehmung der distributiven Fairness ist, dass die Proband*innen die Vergütung als zu niedrig einschätzen, ohne es mit gleich qualifizierten Mitarbeiter*innen zu vergleichen, welches aber eine Bedingung der distributiven Fairness sein sollte (siehe Kapitel 2). Des Weiteren wurde vermutlich der von einem Großteil der befragten Personen als selbstverständlich wahrgenommene Faktor *freie Kost und Logis* nicht in den persönlichen Ertrag und somit die Bewertung der distributiven Fairness einbezogen. Das Ergebnis ist deshalb natürlich diskussionswürdig und zeigt eine Abweichung zu vergleichbaren Ergebnissen von Befragungen von Arbeitnehmer*innen in Deutschland, die im Durchschnitt zu 55 % (bei unserer Befragungsgruppe nur 43 %) ihren Lohn im Verhältnis zur Arbeit als angemessen empfinden (vgl. Statista 2016).

Auswertung Interpersonelle Fairness

Mit einer Zustimmung der Proband*innen von 91,6 % (absolut 234) kann festgehalten werden, dass die Betreuungspersonen sich hier, bis auf Ausnahmefälle, sehr fair behandelt fühlen Lediglich 8 % (absolut 21) stimmten eher nicht bzw. nicht zu. Eine Person hat mit *Ich weiß nicht* gestimmt (vgl. Abb. 8).

Abb. 8: Interpersonale Fairness

Auswertung Informationale Fairness

Auch diese Fairnessdimension kann eine hohe Zustimmung aufweisen. 82,2 % (absolut 210) der Betreuungspersonen stimmten bei der informationalen Fairness mit *Ja, ich stimme voll zu* und *Ja, ich stimme teilweise zu* ab. 16,6 % (absolut 42) wählten die Antwortoptionen *Nein, ich stimme eher nicht zu* und *Nein, ich stimme nicht zu* (vgl. Abb. 9).

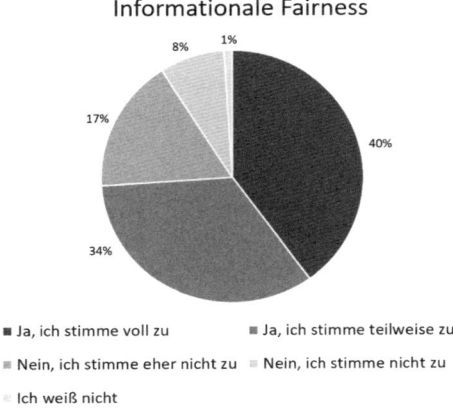

Abb. 9: Informationale Fairness

Auswirkung der Sprachkenntnisse auf die individuelle Wahrnehmung von Autonomie und Fairness

Es wird vermutet, dass deutsche Sprachkenntnisse sich nicht nur auf die Vergütung auswirken (vgl. Petermann et al. 2017, S. 37), sondern auch auf die von Betreuungspersonen wahrgenommene Fairness und Autonomie. Um diese Hypothese zu überprüfen, wurden die Ergebnisse der 4 Teildimensionen der Fairness zusammengefasst, genauso wie alle Daten zum Bedürfnis nach Autonomie und die zur in der Realität wahrgenommenen Autonomie und dann jeweils in zwei Gruppen in Abhängigkeit der Deutschkenntnisse geteilt.

In der ersten Gruppe wurden die ersten drei (von sechs) Antwortmöglichkeiten zur Beurteilung der Deutschkenntnisse zusammengefasst, sprich Betreuungspersonen, die relativ gute Deutschkenntnisse haben. Die zweite Gruppe bildeten die Betreuungspersonen, die die letzten drei Antwortmöglichkeiten wählten, sprich Betreuungspersonen, die relativ schlechte Deutschkenntnisse haben.

Wird das Konstrukt der Fairness betrachtet, kann mittels Differenzanalyse festgestellt werden, dass es keinen signifikanten Unterschied zwischen den nach Deutschkenntnissen getrennten Gruppen in Bezug auf das Fairnessempfinden gibt. Die Durchführung des T-Tests zur Analyse der Signifikanz der Mittelwertdifferenz ergab, dass die Mittelwerte der Fairness-Wahrnehmung sich nicht signifikant unterscheiden (p-Wert = 0,221). Die Daten können also einen Zusammenhang zwischen dem Niveau der Deutschkenntnisse und wahrgenommener Fairness nicht belegen (vgl. Abb. 10).

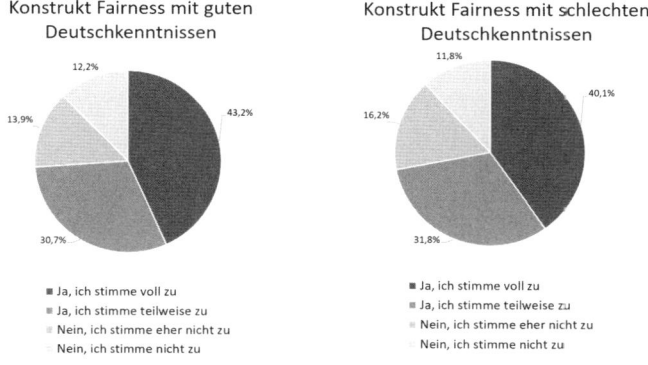

Abb. 10: Beurteilung der Fairness in Abhängigkeit von Deutschkenntnissen der Betreuungspersonen

Werden die Ergebnisse zum Bedürfnis nach Autonomie einem T-Test unterzogen, ergibt dieser p = 0,013. Dieser T-Test ist signifikant auf dem 5 %-Niveau (p < 0,05 aber p > 0,01) zu interpretieren. Somit liegt es nahe, dass Betreuungspersonen mit besseren Deutschkenntnissen ein höheres Bedürfnis nach Autonomie haben als Betreuungspersonen mit schlechteren Deutschkenntnissen, auch wenn die hohe Signifikanz auf dem 0,01-Niveau knapp nicht gezeigt werden kann (vgl. Abb. 11).

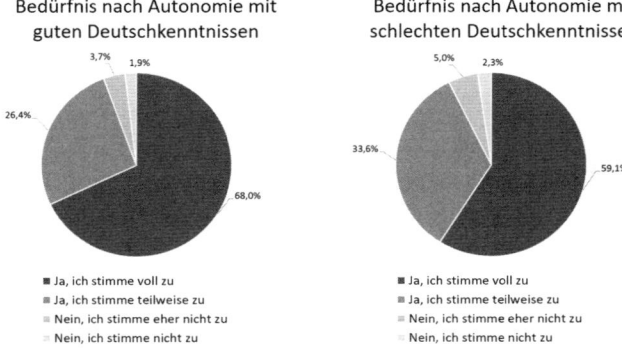

Abb. 11: Bedürfnis nach Autonomie in Abhängigkeit von Deutschkenntnissen der Betreuungspersonen

Ein ähnliches Ergebnis zeigt sich bei der wahrgenommenen Autonomie. Hier ergibt die Differenzanalyse auf Mittelwertunterschiede mittels T-Test p = 0,021, was bedeutet, dass die Ergebnisse darauf hindeuten, dass Betreuungspersonen mit besseren Deutschkenntnissen in der Realität eine höhere wahrgenommene Autonomie empfinden als Betreuungspersonen mit schlechteren Deutschkenntnissen (vgl. Abb. 12).

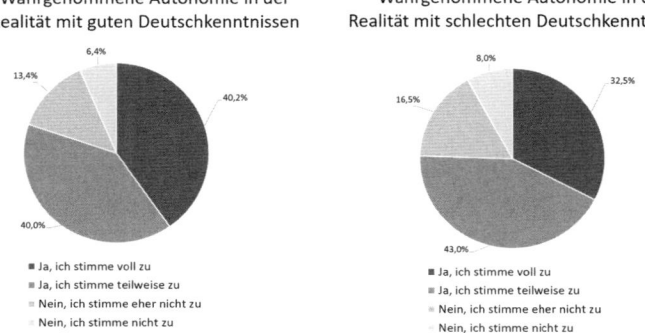

Abb. 12: Wahrgenommene Autonomie in Abhängigkeit von Deutschkenntnissen der Betreuungspersonen

Es kann also davon ausgegangen werden, dass eine Betreuungsperson, die gut Deutsch spricht, ein höheres Bedürfnis nach Autonomie bzw. selbstbestimmtem Handeln hat als eine Betreuungsperson, die weniger gut Deutsch spricht.

Fazit und Handlungsempfehlungen

Die Ergebnisse der quantitativen Befragung zeigen, dass die Betreuungspersonen sich überwiegend, insbesondere in Bezug auf die prozedurale, informationale und interpersonelle Fairnessdimensionen, fair behandelt fühlen. Dies steht im Widerspruch zu den Kritiker*innen, die teilweise auch von menschenunwürdigen Zuständen sprechen und die Arbeitsverhältnisse teils grundsätzlich und undifferenziert als unfair einstufen (vgl. Emunds 2016, S. 145 ff.). Handlungsbedarf besteht aufgrund der Ergebnisse dieser Studie insbesondere in der Teildimension »distributive Fairness«. Diese Ergebnisse decken sich grundsätzlich mit einer zwei Jahre vorher durchgeführten Untersuchung (vgl. Petermann et al. 2017, S. 26), was die Qualität der Untersuchung im Sinne des Qualitätskriteriums Objektivität erhöht. In Anbetracht der Tatsache, dass die Betreuungspersonen neben der finanziellen Vergütung während des Arbeitseinsatzes freie Kost und Logis erhalten, könnte der Verdienst in absoluten Zahlen als akzeptabel bezeichnet werden, wenn man von einer regulären Wochenarbeitszeit von 45 Stunden im Mittel (vgl. Petermann et al. 2017) ausgehen könnte. Hier greift jedoch das viel diskutierte Problem der oft umfassenden Bereitschaftszeiten, die bei Petermann et al. 2017 nicht erfasst wurden.

Die interpersonelle Fairness soll den wahrgenommenen Grad des würdevollen und respektvollen Umgangs abbilden. Gerade in Bezug auf den Umgang mit Betreuungspersonen gibt es viel Kritik. Die Kritiker*innen sprechen von spürbaren Machtasymmetrien zwischen den Betreuungspersonen und den Familien (vgl. Emunds 2016, S. 148). Umso erstaunlicher ist, dass diese Dimension eine große positive Zustimmung von über 90 % erhielt. Dies deutet darauf hin, dass die Arrangements differenzierter betrachtet werden sollten und insbesondere, was die Fairness angeht, zwischen informellen und formellen Arrangements unterschieden werden sollte.

Die Ergebnisse in Bezug auf die wahrgenommene Autonomie weisen mit über 77 % ebenfalls darauf hin, dass die Betreuungspersonen, obwohl sie sich grundsätzlich den individuellen Anforderungen der hilfsbedürftigen Person anpassen müssen, in diesem Handlungsrahmen sehr autonom, das heißt selbstbestimmt, arbeiten können. So kann davon ausgegangen werden, dass durch die Möglichkeit des selbstbestimmten Handelns Motivation zur Ausübung der anfallenden Tätigkeiten im Beruf der Betreuung in häuslicher Gemeinschaft geschaffen werden kann, da selbstbestimmtes Handeln einen intrinsischen Motivationsfaktor darstellt (vgl. Frey/Osterloh 2002, S. 199 ff.). Dies ist auch ein Ergebnis, welches die These der Kritiker*innen infrage stellt, die davon ausgehen, dass die Betreuungspersonen nur wegen finanziellen Nöten in der Betreuung in häuslicher Gemeinschaft tätig sind (z. B. vgl. Haubner 2017, S. 431).

Abschließend lässt sich sagen, dass diese Studie in dem Berufsfeld der Betreuung in häuslicher Gemeinschaft einen – gemessen an der bisherigen Literatur – überwiegend hohen, von den Betreuungspersonen selbst empfundenen Grad an Autonomie und Fairness nachweisen kann.

Literatur

Adams, J. S. (1965): Inequity in social exchange, in: Advances in experimental social psychology, 2. ed., 1965, p. 267–299 (o. O.).

Auszug aus Demografiestrategie der Bundesregierung aus 2015, https://www.bundesregierung.de/breg-de/themen/jahresberichte-der-bundesregierung/jahresbericht-der-bundesregierung-2014-2015, Zugriff am 30.09.2019.

Beeger, B. (2018): Polnische Engel. In: Frankfurter Allgemeine Woche 18/2018, S. 44–46.

Berufsakademie für Gesundheits- und Sozialwesen Saarland (Hg.) (2018): Forschungsprojekte des IQM, Berufsakademie für Gesundheits- und Sozialwesen Saarland, http://www.bagss.de/index.php?id=5438, Zugriff am 12.12.2018.

Bierlein, H. (2013): Pflege daheim, Planung, Finanzierung, Unterstützung aus Osteuropa. München.

Böning; M./Steffen, M. (2014): Migrantinnen aus Osteuropa in Privathaushalten. Problemstellungen und politische Heerausforderungen, ver.di Fachbereich Gesundheit, Soziale Dienste, Wohlfahrt und Kirchen, Berlin, https://www.epsu.org/sites/default/files/article/files/V03-0513 %20Broschüre%20Migrantinnen%20in%20Privathaushalten.pdf, Zugriff am 30.01.2019.

Bundessozialgericht (BSG): Urteil vom 19.2.1998 – B 3 P 3/97 R, http://lexetius.com/1998,307., Zugriff am 25.01.2019.

Bundessozialgericht (BSG): Urteil vom 28.09.2011, B 12 R 17/09 R, http://lexetius.com/2011,7184. Zugriff am 25.01.2019.

Colquitt, J. A./Conlon, D. E./Wesson, M. J./Porter, C. O. L./Ng, K. Y. (2001): Justice at the Millennium: A Meta-Analytic Review of 25 Years of Organizational Justice Research. In: Journal of Applied Psychology, Vol. 86, No. 3, 2001, p. 425–445.

Deci, E. L./Ryan, R. M. (2000): The »What« and »Why« of Goal Pursuits: Human Needs and the Self-Determination of Behavior. In: Psychological Inquiry, Vol. 11, No. 4, 2000, p. 227–268.

Deci, E. L/Ryan, R. M. (2008): Self-Determination Theory: A Macrotheory of Human Motivation, Development, and Health. In: Canadian Psychology, Vol. 49, No. 3, 2008, p. 182–185.

Deutscher Bundestag (Hg.) (2016): 24-Stunden-Pflege in Privathaushalten durch Pflegekräfte aus Mittel- und Osteuropa. Rechtslage in ausgewählten EU-Mitgliedsstaaten, https://www.bundestag.de/blob/480122/e1e7b32064927dbb-a950d380980b6c3f/wd-6-078-16-pdf-data.pdf, Zugriff am 30.01.2019.

Emunds, B. (2016): Damit es Oma gutgeht – Pflege-Ausbeutung in den eigenen vier Wänden, Frankfurt a. M.

Falk, A. (2014): Fairness and motivation. In: IZA World of Labour, No. 9, p. 1–9, https://wol.iza.org/uploads/articles/9/pdfs/fairness-and-motivation.pdf, Zugriff am 30.01.2019.

Frey, B. S./Osterloh, M. (2002): Managing Motivation – Wie Sie die neue Motivationsforschung für Ihr Unternehmen nutzen können, 2. Auflage. Wiesbaden.

GKV Spitzenverband (2008): Richtlinien nach § 53c SGB XI zur Qualifikation und zu den Aufgaben von zusätzlichen Betreuungskräften in stationären Pflegeeinrichtungen(Betreuungskräfte-RL) vom 19. August 2008 in der Fassung vom 23. November 2016, https://www.gkv-spitzenverband.de/media/dokumente/pflegeversicherung/beratung_und_betreuung/betreuungskraefte/2016_11_23_Pflege_Betreuungskraefte-RL__53c_SGB_XI.pdf, Zugriff am 26.01.2019.

Haubner, T. (2017): Die Ausbeutung der sorgenden Gemeinschaft – Laienpflege in Deutschland. Frankfurt/New York.

Haupt, C./Backé, E.-M./Latza, U. (2016): Psychische Gesundheit in der Arbeitswelt: Gerechtigkeit und Belohnung. Dortmund.

Helliwell, J. F./Layard, R/Sachs, J. D. (2018): World Happiness Report 2018. https://s3.amazonaws.com/happiness-report/2018/WHR_web.pdf, Zugriff am 15.12.2018.

Hielscher, V./Kirchen-Peters S./Nock L./Ischebeck M. (2017): Pflege in den eigenen vier Wänden: Zeitaufwand und Kosten – Pflegebedürftige und ihre Angehörigen geben Auskunft, Nr. 369 Juni 2017, Düsseldorf, https://www.boeckler.de/pdf/p_study_hbs_363.pdf, Zugriff am 14.12.2018.

Holzhauer, B. (2010): Quantitative Methoden der Marktforschung und Managerial Statistics. Berlin.

Hüttner, M./Schwarting, U. (2002): Grundzüge der Marktforschung, 7. überarbeitete Auflage. München.
Isfort M./von der Malsburg, A. (2017): Gutachten Privat organisierte Pflege in NRW: Ausländische Haushalts- und Betreuungskräfte in Familien mit Pflegebedarf. Im Auftrag des Ministeriums für Gesundheit, Emanzipation, Pflege und Alter des Landes Nordrhein-Westfalen, https://www.dip.de/fileadmin/data/pdf/material/privat_organisierte_Pflege_NRW_Gutachten_Endfassung__2_.pdf, Zugriff am 12.12.2018.
Kant, I (1785): Grundlegung zur Methaphysik der Sitten. Riga.
Kauffeld, S. (2018): Arbeits-, Organisations- und Personalpsychologie für Bachelor, 3. Auflage. Technische Universität Braunschweig.
Klemp, C. (2018): Die Messung von Fairness in Beschäftigungsverhältnissen – Entwicklung und Pretest eines Erhebungsinstrumentes für die Messung von Fairness und Autonomie in der ambulanten Pflege, Berlin (unveröffentlichte Bachelor-Arbeit).
Kuhlmey, A./Tesch-Römer C. (2013): Autonomie trotz Multimorbidität – Ressourcen für Selbstständigkeit und Selbstbestimmung im Alter. Göttingen.
Leventhal, G. S. (1980): What should be done with equity theory? New approaches to the study of fairness in social relationships. In: Gergen, K. J./Greenberg, M. S./Willis, R. H. (Hg.) (1980): Social exchange: Advances in theory and research. Bosten.
Lindner-Lohmann, D./Lohmann, F./Schirmer, U. (2016): Personalmanagement, 3. aktualisierte Auflage. Heidelberg.
Maier, G. W./Streicher, B./Jonas, E./Woschée R. M. (2007): Gerechtigkeitseinschätzungen in Organisationen: Die Validität einer deutschsprachigen Fassung des Fragebogens von Colquitt (2001). In: Diagnostica, 53, 2007, S. 97–108.
Noelle-Neumann, E./Petersen, T. (1998): Alle, nicht jeder: Einführung in die Methoden der Demoskopie, 2. Auflage. München.
Oswald, F./Kaspar, R./Frenzel-Erkert, U./Konopik N. (2013): Hier will ich wohnen bleiben!" Ergebnisse eines Frankfurter Forschungsprojekts zur Bedeutung des Wohnens in der Nachbarschaft für gesundes Altern, https://www.uni-frankfurt.de/54421039/Oswald-etal-2013-Hier-will-ich-wohnen-bleiben.pdf, Zugriff am 25.12.2018.
Petermann, A./Ebbing, T./Paul, M. (2017): Das Tätigkeitsprofil von Betreuungspersonen in häuslicher Gemeinschaft, Saarbrücken, http://www.bagss.de/fileadmin/user_upload_berufsakademie/Content_allg/Forschungsbericht_BihG_Studie.pdf, Zugriff am 06.09.2019.
pflegeagentur24.de: https://pflegeagentur24.de/osteuropaeische-betreuungskraefte-worauf-ist-zu-achten.html, Zugriff am 05.01.2019.
Raab-Steiner, E./Benesch, M. (2015): Der Fragebogen von der Forschungsidee zur SPSS-Auswertung, 4. aktualisierte und überarbeitete Auflage. Wien.
Rigby, C. S./Deci, E. L./Patrick, B. C./Ryan, R. M. (1992): Beyond the Intrinsic-Extrinsic Dichotomy: Self-Determination in Motivation and Learning. In: Motivation and Emotion, Vol. 16, No. 3, 1992, p. 165–185.

Robbins, S. P./Judge, T. A. (2018): Essentials of Organizational Behavior, 14. Edition, London.
Scharfenberg, E.(2016): Was beschäftigt Pflegekräfte? http://www.elisabethscharfenbergde/daten/downloads/ErgebnissederUmfrage_WasbeschaeftigtPflegekraefte.pdf, Zugriff am 15.12.2018.
Scholl, A. (2015): Die Befragung, 3. überarbeitete Auflage. München.
Schreyögg, G./Conrad, P. (2004): Gerechtigkeit und Management. Wiesbaden.
Sozialgesetzbuch (SGB) – Elftes Buch (XI) Soziale Pflegeversicherung in der Fassung der Bekanntmachung vom 26. Mai 1994.
Statista (2016): Wird Ihre Arbeitsleistung alles in allem angemessen bezahlt? https://de.statista.com/statistik/daten/studie/184714/umfrage/zufriedenheitmit-dem-gehalt/, Zugriff am 16.01 2019.
Statistisches Bundesamt (Destatis) (2015): Pflege https://www.destatis.de/DE/ZahlenFakten/GesellschaftStaat/Gesundheit/Pflege/Pflege.html, Zugriff am 09.12.2018.
Statistisches Bundesamt (Hg.) (2015): Pflegestatistik 2015 – Pflege im Rahmen der Pflegeversicherung Deutschlandergebnisse. Wiesbaden, https://www.destatis.de/DE/Publikationen/Thematisch/Gesundheit/Pflege/PflegeDeutschlandergebnisse5224001159004.pdf?__blob=publicationFile, Zugriff am 15.12.2018.
Stiftung Warentest Magazin (Hg.) (2017): Trautes Heim, da will ich sein. In: Stiftung Warentest Magazin 5/2017, S. 86–94.
Suchanek, A. (2015): Unternehmensethik – In Vertrauen investieren, Göttingen.
Verband für häusliche Betreuung und Pflege e. V. (VHBP) (Hg.) (2016): Überblick über rechtliche Modelle für die Betreuung in häuslicher Gemeinschaft, http://www.vhbp.de/system/resources/W1siZiIsIjIwMTgvMDcvMDQvMTcvMDkvNTQvNTkyLzE4MDcwNF9WSEJQX1JlY2h0bGljaGVfTW9kZWxsZVx sZV9kZXJfQmloRy5wZGYiXV0/180704%20VHBP%20-%20Rechtliche%20Modelle%20der%20BihG.pdf, Zugriff am 28.01.2019.
Weisse, O. (2018): Rund-um-die-Uhr und fair? In: Häusliche Pflege 03/2018, S. 64–67.

Renata

Barbara Städtler-Mach

»Meine Kinder, Kochen und Backen – das ist meine Welt«, sagt Renata, wenn man mit ihr über ihr Leben spricht. Sie erzählt gerne und anschaulich, am liebsten mit einer Tasse Kaffee und Kuchen. Renata ist schon lange und in mehreren verschiedenen Familien in Deutschland, das Deutschsprechen gelingt ihr allerdings nicht, obwohl sie sich am Anfang ihrer Zeit als Betreuungskraft darum bemüht hat. »Ich lern das schon«, meinte sie, aber richtig viel ist nicht daraus geworden. Auch manches andere von ihren Plänen musste sie aufgeben. Renata ist das, was man »vom Leben mitgenommen« nennen könnte.

Sie hat früh geheiratet, einen Ausbildungsberuf hat sie nicht. Mit ihrem Mann hat sie vier Kinder bekommen, erst »die Großen«, dann mit ein paar Jahren Abstand noch einmal Zwillinge, »die Kleinen«. Ihr Mann war gelernter Elektriker, hatte aber die letzten Jahre seines Lebens in einer anderen Beschäftigung in einer Fabrik gearbeitet. Das Geld war knapp, damals gingen noch alle vier Kinder in die Schule oder befanden sich in der Ausbildung.

Renata hört von der Möglichkeit, in Deutschland in Privathaushalten alte Menschen zu versorgen. Kochen, backen, andere versorgen – eben »ihre Welt« – erschien ihr als gute Gelegenheit, zur Finanzierung der Familie beizutragen.

Ihre erste Stelle bekommt sie durch eine Agentur, auch wenn sie von dort nie einen Vertrag gesehen hat. Die Familie, in der sie arbeitet, ist zu ihr nicht sonderlich freundlich. Die Frau, die sie versorgt, ist bettlägerig und zunehmend dement. Renata bringt zwei Einsätze von jeweils drei Monaten zustande, dann will sie nicht mehr. Das Zusammenleben mit der alten Frau empfindet sie als Zumutung, mit der beginnenden Demenz kann sie nicht umgehen. Wenn die von ihr zu Betreuende schreit oder sie abwehrt, reagiert Renata ebenfalls mit lautem Reden und Verärgerung. Als sie der Agentur am Telefon mitteilt, dass sie in einer anderen Familie arbeiten möchte, weist diese sie ab: Die Angehörigen der von ihr zu Pflegenden hätten sich bei der Agentur beschwert, dass sie so unfreundlich und im Umgang mit der Mutter auch nicht einfühlsam sei, deswegen wollen sie Renata nicht mehr bei sich haben. Mit diesen Beschwerden – so die Agentur – gäbe es keinen Einsatz mehr für sie.

Renata ist sehr geknickt, weint den ganzen Abend, bevor sie nach Polen zurückfährt. Sie denkt ständig nur daran, dass ihr das Geld fehlen wird, das zu Hause so sehr benötigt wird. Dass sie ohne Vertrag gearbeitet und keinerlei Arbeitsschutz hat, ist ihr nicht bewusst.

Andererseits ist sie froh, auch wieder für längere Zeit bei der Familie zu sein. Ihre älteste Tochter hat gerade die Ausbildung als Friseurin abgeschlossen, hat sich schon zur Hochzeit mit ihrem langjährigen Freund entschieden und will ausziehen. Der zweite, ihr »großer« Sohn ist dem gegenüber gerade nicht erfolgreich, er hat seine erste Lehrstelle als Maurer hingeworfen und »lümmelt« – so ihr Ausdruck – ohne Aufgabe zu Hause herum.

Renatas Mann hat inzwischen zunehmend gesundheitliche Probleme mit seinem Herzen, wodurch er die Arbeit in der Fabrik nicht mehr schafft. Genau zu dem Zeitpunkt, als Renata aus der deutschen Familie »abserviert« wird – so nennt sie das auf Polnisch –, muss ihr Mann aus gesundheitlichen Gründen die Arbeit aufgeben. Finanziell wird es nun richtig knapp, die Stimmung zwischen dem angeschlagenen Ehemann, der seine Rente beantragt, und dem antriebslosen Sohn, der für sich kein Ziel sieht, steigert sich zu lauten Auseinandersetzungen von Tag zu Tag. Renata steht zwischen Vater und Sohn, wobei ihr Herz mehr für den Sohn schlägt: Er sei ein armer Junge, dem wenig Erfolg beschieden ist.

Durch eine Bekannte erfuhr Renata von der Möglichkeit, in einer Familie ohne Agentur zu arbeiten. Da sie nie in einem offiziellen Arbeitsverhältnis stand, sieht sie – so sagt sie – überhaupt nichts Besonderes in diesem irregulären Arbeitsverhältnis. Im Gegenteil, sie ist froh, dass sie Aussicht auf ein Einkommen hat, und kauft sich von geliehenem Geld die Buskarte zu der Stadt, in der sie jetzt arbeiten soll – vermittelt durch ihre Bekannte, die ab jetzt ihre Tandempartnerin wird.

Renata hat keine Vorstellung davon, wo die Stadt in Deutschland liegt, in der sie jetzt arbeiten soll. Als sie dort ankommt, hat sie auch ihre wenigen deutschen Worte vergessen und ist voller Angst, wie sie zurechtkommen soll.

Ihr neuer Arbeitsplatz ist bei einem Ehepaar, bei dem der Mann ziemlich rüstig, seine Frau jedoch krank und bettlägerig ist.

Der Mann, nennen wir ihn Wilhelm, freut sich sehr, als er Renata mit seinem Auto am Busbahnhof abholt. Er kann sich zwar kaum mit ihr verständigen, zumal er zum einen selbst stark Dialekt spricht, zum anderen sehr schwerhörig ist. Doch er ist freundlich und sehr dankbar, dass jemand zu ihm kommt und ihm und seiner Frau helfen will.

Das Miteinander geht auch recht gut. Renata findet sich schnell ein, und was von ihr verlangt wird, kann sie auch gut: einen Haushalt führen, kochen und sich um die kranke Frau kümmern. Die freundliche Atmosphäre bei den beiden verhilft dazu, dass sich Renata auch immer mehr pflegerische Aufgaben zutraut. Sie beginnt, die alte Frau bei der Toilette zu unterstützen, lernt, Inkontinenz-Einlagen zu wechseln und zu unterscheiden, welche Größen davon eingekauft werden müssen. Wilhelm fährt sie zum Einkaufen und unterstützt sie bei allen Tätigkeiten. Alle drei sind zufrieden, und auch ohne verbale Kommunikation kommen sie gut zurecht.

In die Zeit des ersten Aufenthaltes fällt Weihnachten. Es geht Renata sehr zu Herzen, dass sie nicht bei ihrer Familie sein und mit ihr feiern kann. Was sie von zu Hause hört, macht ihr auch Kummer: Seit die Tochter ausgezogen ist, gibt es keine richtige Ordnung mehr. Ihrem Mann – jetzt berentet zu Hause – gelingt es nicht, einen geregelten Tagesrhythmus zu finden und die Kinder zu versorgen. Mit dem großen Sohn ist das Verhältnis weiterhin sehr angespannt, tagelang kommt er jetzt auch nicht nach Hause. Renata telefoniert täglich mit der Familie in Polen. Je besser es mit dem alten Ehepaar läuft, desto schlechter sind die Nachrichten von zu Hause.

In den Wochen, die sie in Polen ist, versucht sie, wieder Ordnung herzustellen. Hinsichtlich des Haushalts und einem gewissen Rhythmus für die Schulkinder gelingt das auch ganz gut. Doch es bedrückt sie, dass es ihrem Mann immer schlechter geht und ihr großer Sohn in Kreise gekommen ist, die ihm nicht guttun. Zum ersten Mal hört sie davon, dass er Drogen nimmt. Sie kann es nicht glauben, doch als er ihr erzählt, dass er deswegen einen kleinen Job verloren hat, wird es ihr schmerzhaft bewusst, dass er »vom guten Weg« abgekommen ist. Weil er sie sehr darum bittet, gibt sie ihm auch Geld.

Als sie wieder nach Deutschland zurückkommt, geht es der Frau, die von ihr betreut wird, sehr schlecht. Nach wenigen Tagen stirbt sie in ihrem Zuhause, von Wilhelm und Renata umsorgt. Wilhelm ist Renata sehr dankbar für ihre Unterstützung und bezahlt sie für die gesamte Zeit, die sie eigentlich da sein wollte, obwohl nicht einmal die Hälfte davon vorüber ist, als Renata nach Polen zurückfährt. Ihre Hoffnung, dass Wilhelm sie als Haushaltshilfe behält, erfüllt sich nicht. Nach dem Tod seiner Frau will er erst einmal allein zurechtkommen.

Überraschenderweise ergibt sich – wieder durch informelle Kontakte – eine neue Möglichkeit zur Beschäftigung. In der näheren Umgebung von Wilhelms Haus sucht ein anderer Mann, ebenfalls Witwer, eine Unterstützung. Seine beiden Töchter wohnen jeweils mehrere hundert Kilometer vom Wohnort des Vaters entfernt und sind sehr erleichtert, als sie Renata kennenlernen.

Renata ist von der Eleganz des Hauses sehr angetan: Sie wohnt jetzt nicht nur in einem Zimmer, sondern hat eine ganze Wohnung für sich. Die Bezahlung erscheint ihr fürstlich: Für Tätigkeiten, die im Wesentlichen in Hauswirtschaft bestehen, erhält sie 1500 Euro bar auf die Hand. Außerdem kann sie einkaufen, ohne dass eine der Töchter die einzelnen Posten mit ihr abrechnet. So »organisiert« sie während ihres Einsatzes auch kleine Vorräte an Toilettenartikeln oder Besonderheiten aus dem Supermarkt, die sie für ihre Familie mit nach Polen nehmen wird.

Gerade als das Leben sich wieder ganz gut anfühlt, erhält sie einen Anruf: Ihr Mann ist innerhalb von wenigen Minuten seinem Herzleiden erlegen. Sein Tod trifft sie völlig überraschend, sie weiß kaum, wie sie sich verhalten soll. Mithilfe von Nachbarn und der Töchter des alten Herrn wird die Zeit überbrückt, die Renata in Polen für das Begräbnis und verschiedene organisatorische Aufgaben braucht.

Als sie zurückkommt, ist sie nicht mehr dieselbe. Der Tod ihres Mannes, das Zurücklassen der Kinder, die mittlerweile offensichtliche Drogenabhängigkeit ihres Sohnes – alles ist zu viel für Renata. Auch die Arbeit mit dem Mann, den sie betreut, wird anstrengender. Er benötigt jetzt Unterstützung beim Toilettengang, wovor sie Angst hat. Dass er dabei manchmal etwas unwirsch zu ihr ist, interpretiert sie als Ablehnung ihrer Person. Die Arbeit, auch Kochen und Backen, macht ihr keine Freude mehr. Beim Besuch einer der Töchter, vermittelt sie, dass sie sich krank fühlt. Eine inoffiziell durchgeführte Arztkonsultation – von der Tochter persönlich bezahlt – verschafft Renata einige Medikamente, die ihr jedoch nicht helfen. So wird verabredet, dass Renata sich etwas schonen, doch für die nächsten Tage den Vater versorgen soll, bis eine der Töchter in ihren Urlaubstagen die Versorgung zeitweise übernimmt.

Das Ende dieses Arrangements geht ganz schnell: Nach zwei Tagen ruft der alte Herr seine Tochter an, er bekäme von Renata keine Medikamente und auch kein Essen mehr. Sie habe ihm bedeutet, dass sie Probleme habe und nicht mehr für ihn arbeiten kann. Das Problem – so meinte er verstanden zu haben – sei irgendetwas mit der Toilette. Als die Tochter, in gleicher Weise besorgt wegen ihres Vaters wie auch ärgerlich über Renata, bei ihrem Vater ankommt, findet sie ihn ausgetrocknet und etwas verwirrt vor. Renata hat sich in ihre Wohnung im Untergeschoss eingeschlossen. Als sie nach langem Zureden endlich die Tür öffnet, sieht man sie in einem unaufgeräumten und übelriechenden Zimmer. Sie ist tränenüberströmt und vermittelt der Tochter des alten Herrn, dass sie Brechdurchfall hatte und nicht aufstehen konnte. Auf die Frage, warum sie nicht telefoniert oder wenigstens Nachbarn Bescheid gesagt hätte, kann sie nichts antworten. Sie wirkt – so nennt die Tochter des alten Herrn es später – völlig durcheinander und abwesend. Eine Versorgung des alten Herrn ist nicht möglich, Renata weigert sich auch, ihre Wohnung aufzuräumen und sauber zu machen. Auf das Angebot der Familie, sich noch auszuruhen, geht sie nicht ein. Sie lässt sich ausbezahlen und organisiert ihre Reise zurück nach Polen. Zum Glück – so sagt sie – bekommt sie gleich einen Platz im Bus. Am nächsten Tag reist sie ab, ohne sich von dem von ihr betreuten alten Herrn oder seiner Tochter zu verabschieden.

Altenpflege im Spannungsfeld von formeller und informeller Arbeit – sozialethische Anmerkungen zur gesellschaftlichen Organisation der Pflegearbeit[1]

Jonas Hagedorn

Einleitung

Im Jahr 1991 erschien das vom späteren US-Arbeitsminister Robert B. Reich geschriebene Buch »The Work of Nations«. An einer Stelle kommt er auf die unterschiedliche Wertigkeit zu sprechen, die den Beschäftigten in den Pflegedienstleistungen und der Automobilindustrie in der diskursiven Öffentlichkeit zukommt:

> »Beverley Enterprises [...], eine in den gesamten Vereinigten Staaten tätige private Pflegeheimkette, beschäftigte in etwa die gleiche Anzahl von Amerikanern wie die gesamte Chrysler Corporation (nämlich 115.174 gegenüber 116.250) – wenn sich auch die amerikanische Öffentlichkeit bei letzterer weit besser auskennt, bis hin zur Privatmeinung des Vorstandsvorsitzenden« (Reich 1993, S. 198).

Ähnliches lässt sich, mehr als ein Vierteljahrhundert später, auch für den deutschen Kontext feststellen. Die drei größten privaten Pflegeheimbetreiber mit deutschen Inhabern haben zusammengenommen 18.300 Beschäftigte. Der Opel-Konzern beschäftigt in Deutschland etwa 19.000 Mitarbeiter*innen. Während der Öffentlichkeit die Heimbetreiber nicht einmal dem Namen nach bekannt sein dürf-

---

1 Der Beitrag entstand im Rahmen des von der DFG finanzierten Forschungsprojektes »Pflegearbeit in Privathaushalten. Eine Frage der Anerkennung. Sozialethische Analysen«, das am Nell-Breuning-Institut und am Münsteraner Institut für Christliche Sozialwissenschaften durchgeführt wird. Ich danke den Kolleg*innen für lehrreiche Diskussionen und wertvolle inhaltliche Anregungen.

ten (sie heißen Azurit-Gruppe, Kursana und Pro Seniore), verfolgt sie mit Interesse die Entwicklungen an den deutschen Produktionsstandorten von Opel. Mit den Beispielen wird die Industriefixierung augenscheinlich, die in einem Kontrast zur Bedeutung von Pflegearbeit im gesellschaftlichen Leistungsaustausch steht.

Im vorliegenden Text soll es aber nicht nur um die bezahlte Pflegearbeit in privaten, freigemeinnützigen oder kommunalen Pflegeeinrichtungen gehen; vielmehr soll Pflegearbeit in ihren verschiedenen Ausprägungen in den Blick genommen werden – bezahlt und unbezahlt, formell und informell, in (teil-)stationären Einrichtungen und (ambulant) in privaten Haushalten. Dabei handelt es sich – wie die Eingangsbeispiele bereits nahelegen – um eine in vielerlei Hinsicht im Hintertreffen befindliche Arbeit, der es an sozialer Anerkennung fehlt, obwohl ihr eine hohe Bedeutung im gesellschaftlichen Leistungsaustausch zukommt. Diese Bedeutung fußt u. a. darauf, dass Pflegearbeit bei fortdauernder Pflegebedürftigkeit nicht einfach wegfallen kann, sondern in dem Augenblick, in dem sie wegfällt, einer Substitution bedarf. Das gilt sowohl für die formelle als auch für die informelle Pflegearbeit, die wie folgt definiert werden:

1. Pflegearbeit gilt als formelle Arbeit, insofern ein Arbeitsvertrag oder eine Beauftragung vorliegt, monetäre Zahlungen für die Leistungen, die erbracht werden, fließen und nach geltendem Recht eine reguläre unselbstständige oder selbstständige Beschäftigung vorliegt; dann und nur dann ist die Pflegearbeit eine formelle soziale Dienstleistung.

2. Bei Pflegearbeit als informeller Arbeit wird zwischen (a) bezahlter Arbeit, die nach geltendem Recht irreguläre unselbstständige oder selbstständige Beschäftigung ist, und (b) unentgeltlicher Arbeit unterschieden. Im ersten Fall spreche ich von einer informellen sozialen Dienstleistung. Vor dem Hintergrund der gegenwärtigen Rechtslage dürfte es sich bei dem überwiegenden Teil der in deutschen Pflegehaushalten tätigen Live-in-Pflegekräfte um informelle soziale Dienstleister*innen handeln. Im zweiten Fall liegt keine Dienstleistung vor. Unentgeltliche Pflegearbeit ist informelle Pflegearbeit, die sich wie folgt auffächern lässt: (b1) Selbsthilfe (bei geringer Pflegebedürftigkeit), (b2) familiale Arbeit

(als Angehörigenpflege)², (b3) ehrenamtliche oder sozialbürgerschaftliche Fremdhilfe.

Ob im Zusammenhang der informellen Pflegedienstleiste-*innen von Personenbetreuer*innen (wie in Österreich), von Care-Arbeiter*innen oder von Pflegekräften gesprochen wird, ist eine wichtige Frage. Denn der umstrittenen Begriffsverwendung und uneinheitlichen Benennungspraxis liegt u. a. eine Entscheidung darüber zugrunde, welchem Bereich sozialer Dienstleistungen diese Erwerbstätigen perspektivisch zugeordnet bzw. in welche Richtung eine Qualifizierung und mögliche Verberuflichung angestrebt werden sollen. Die Differenzierung sozialer Dienstleistungen in helfende und beratende, heilende und pflegende sowie erziehende und bildende Leistungen korrespondiert mit den Berufen, die von Ulrich Mergner (2011) auf das Kürzel SAGE gebracht wurden. SAGE steht für *Soziale Arbeit, Gesundheit* und *Pflege* sowie *Erziehung* und *Bildung*. Im Zweiten Gleichstellungsbericht der Bundesregierung ist das Akronym SAGE um den Bereich der *H*aushaltsnahen Dienste erweitert worden (SAHGE). Die Erweiterung des Akronyms von SAGE zu SAHGE

»trägt dem Umstand Rechnung, dass eine gute hauswirtschaftliche Grundversorgung essentielle Voraussetzung für erfolgreiches therapeutisches, pflegerisches und pädagogisches Handeln ist. Auch die haushaltsnahen Dienstleistungen durchlaufen einen tiefgreifenden Wandel vom reinen Versorgungs- zum Mitwirkungsauftrag (Betreuung, Begleitung, Aktivierung) und folgen damit dem Trend der Gesamtwirtschaft zu höheren Anforderungen an die berufliche Qualifikation; auch dies rechtfertigt eine integrierte Perspektive auf personen- und haushaltsnahe Dienstleistungen und Berufe im Begriff ›SAHGE-Berufe‹« (Zweiter Gleichstellungsbericht 2017, S. 142).

---

2 Unter familiale Arbeit als Angehörigenpflege kann auch die unentgeltliche Arbeit fallen, die Personen füreinander leisten, die nicht gemäß dem heteronormativen Geschlechtermodell leben oder Mitglieder einer traditionell verstandenen Familie sind, sondern die sich in einem familienähnlichen Solidaritätsverhältnis vorfinden, für das eine mit familialen Solidaritätsverhältnissen vergleichbare Belastbarkeit angenommen werden kann.

In systematisch-analytischer Hinsicht sind mit haushaltsnahen Diensten Tätigkeiten und Berufsfelder mit den SAGE-Fächern verknüpft worden, die anderen Interaktionsmustern folgen und wesentliche SAGE-Kriterien wie die der Kopräsenz und Koproduktion (»uno-actu-Prinzip«) sowie der (noch) geringen Rationalisierbarkeit nicht in Gänze erfüllen. Im Unterschied zu sozialen Dienstleistungen ist bekanntlich bei haushaltsnahen Dienstleistungen häufig keine Koproduktion gegeben; die Reinigung der Wohnung, das Zubereiten des Essens, das Waschen und Bügeln der Kleidung finden nicht in Koproduktion statt. Haushaltsnahe Dienstleistungen in Privathaushalten vollziehen sich sogar oft in Abwesenheit derer, denen sie gelten. Die Anwesenheit derer, die von haushaltsnahen Dienstleistungen profitieren, und das Moment der Beziehungsarbeit zwischen Dienstleistungsgeber*innen und Dienstleistungsnehmer*innen sind für diese Dienstleistungen nicht wesentlich. Haushaltsnahe Tätigkeiten und Dienstleistungen ließen sich in der Vergangenheit zudem rationalisieren. Sowohl in privaten Haushalten als auch in stationären Einrichtungen unterliegen sie schon seit Jahrzehnten einer erheblichen Technisierung (zu den Produktivitätszuwächsen bei haushaltsnahen Tätigkeiten und Dienstleistungen in privaten Haushalten durch den Einsatz von Maschinen vgl. Skolka 1990, S. 58–61).

Im folgenden Text werden die informellen Pflegedienstleister*innen, die die Betreuung in häuslicher Gemeinschaft übernehmen bzw. in der sogenannten 24-Stunden-Pflege tätig sind, als Pflegekräfte bezeichnet und damit dem Bereich »Gesundheit und Pflege« zugeordnet. Neben Haushalts- und Betreuungsaufgaben obliegen ihnen nämlich faktisch pflegerische Tätigkeiten. Zudem wird ihre Arbeitskraft in der Regel erst dann nachgefragt, wenn ein privater Haushalt zu einem Pflegehaushalt geworden ist, wenn also der Pflegebedarf einer pflegebedürftigen Person ein Ausmaß angenommen hat, das nicht mehr gedeckt werden kann, ohne dass jemand, der (auch) Pflegearbeit leistet, permanent vor Ort ist.

Im vorliegenden Artikel geht es nicht primär um haushaltsnahe Tätigkeiten und Dienstleistungen (auch wenn die Bedeutung unterstützender haushaltsnaher Tätigkeiten und Dienstleistungen in Pflegehaushalten für die Versorgung der Pflegebedürftigen und die Entlastung derer, die Pflegearbeit leisten, nicht unterschätzt werden kann[3]), sondern um personenbezogene Pflegetätigkeiten und -dienstleistungen. Mit anderen Worten: Es wird auf die Alten*pflege* mit ihren Arbeitsspezifika (darunter das »uno-actu-Prinzip«) fokussiert, nicht auf den Kranz weiterer (z. B. haushaltsnaher) Dienstleistungen im Vor- und Umfeld von Pflegebedürftigkeit, die mit Alten*hilfe* assoziiert werden können (vgl. Evans/Ludwig 2019, S. 31 f.).

In einem ersten Schritt gebe ich einen groben Überblick über die in Deutschland geleistete formelle und informelle Pflegearbeit (Abschnitt 2). In Ergänzung zur soziologischen Erklärung der geringen sozialen Anerkennung, die Pflegearbeit zukommt, wird in einem zweiten Schritt die ökonomische These der *Kostenkrankheit* vorgestellt, die auf William J. Baumol (1922–2017) zurückgeht (Abschnitt 3). Abschließend werden ethische Überlegungen vorgenommen, mit denen sich die gesellschaftliche Organisation der Pflegearbeit bewerten lässt; dabei steht die Perspektive der Pflegenden im Mittelpunkt (Abschnitt 4).[4]

Verteilung der Pflegearbeit in Deutschland

Seit Einführung der Pflegeversicherung ist die Zahl der Pflegebedürftigen stetig angewachsen und betrug in 2017 3,4 Millionen (vgl. Statistisches Bundesamt 2018, S. 18). Zwischen 2015 und 2017 gab es einen deutlichen Anstieg, der auf die Einführung des neuen Pflegebedürftigkeitsbegriffs und die Integration demenziell Erkrankter zurückgeht. Der Anteil der Pflegebedürftigen, die zu Hause von pflegenden Angehörigen mit und ohne Unterstützung ambulanter Pflegedienste versorgt werden, betrug im Jahr 2001 70 %. Mit den Zahlen von 2017 lässt sich ein Anteil von 76 % berechnen, wobei sich die Zahl der Pflegebedürftigen, die in privaten Haushalten

---

3 In Deutschland ist zur Förderung der Nachfrage formeller haushaltsnaher Dienstleistungen in Pflegehaushalten ein (wenn auch sehr geringer) Entlastungsbetrag von 125 Euro pro Monat eingeführt worden.

4 Zu ethischen Überlegungen, die von der Sichtweise der Pflegebedürftigen ausgehen und ein »Grundrecht auf Pflege« zu begründen versuchen, vgl. z. B. Noetzel 2019.

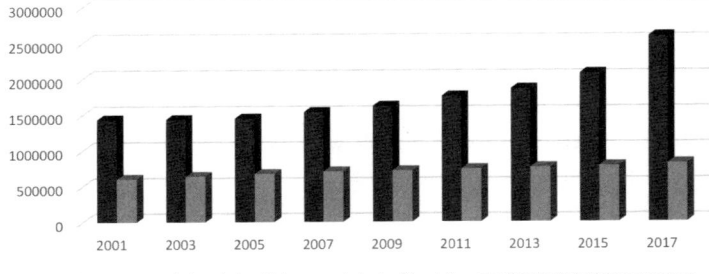

Abb. 1: Pflege daheim oder im Heim (2001–2017) (vgl. Statistisches Bundesamt 2003–2018).

versorgt werden, von 2001 bis 2017 fast verdoppelt hat (s. Abb. 1).[5] Der familialisierende Trend zur Versorgung daheim scheint bislang ungebrochen.

Schaut man sich die Einbindung von examinierten Pflegekräften in die Versorgungsarrangements genauer an, erhält man eine wichtige Zusatzinformation. Immer mehr pflegebedürftige Menschen in Deutschland werden offensichtlich informell versorgt, ohne dass professionelle Dienstleister*innen ein Auge auf sie haben (s. Abb. 2). Die Zahl informell Gepflegter steigt seit 2005 kontinuierlich an und hat in 2017 (durch die Umstellung auf Pflegegrade) die Zahl derer, bei denen professionelle Pflegedienstleister*innen eingebunden sind oder die Versorgung ganz übernehmen, überflügelt. Deutschlands Pflegesystem setzt offensichtlich einen Anreiz zur Informalisierung.[6]

---

5 Seit 2003 haben sich die Einnahmen und Ausgaben der sozialen Pflegeversicherung ebenfalls mehr als verdoppelt. Die Einnahmen liegen 2018 bei circa 38 Milliarden Euro, die Ausgaben bei circa 39 Milliarden Euro (vgl. Auth 2019, S. 5).

6 Der Anreiz könnte u. a. auf das an Pflegebedürftige ausgezahlte Pflegegeld zurückzuführen sein, über das Pflegebedürftige frei verfügen können. Dies verringert sich prozentual in dem Maße, in dem Pflegesachleistungen (etwa ambulante Pflegedienste) in die häusliche Versorgung eingebunden werden. Weil Pflegegeld und Pflegesachleistungen aneinander gekoppelt sind, besteht womöglich (gerade für einkommensschwächere Haushalte) ein geldwerter Anreiz, formelle ambulante Pflegedienstleister*innen, solange wie möglich, aus der privaten Häuslichkeit herauszuhalten.

Altenpflege im Spannungsfeld

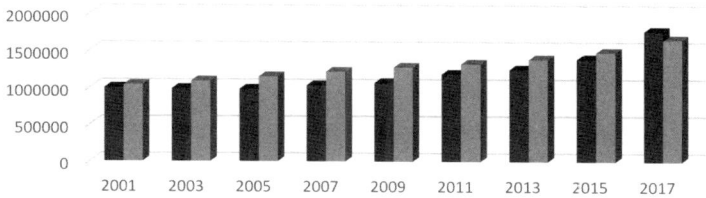

■ versorgt allein durch Angehörige, andere informell Tätige oder informelle Dienstleister*innen (informelle Pflege)

■ versorgt unter Einbezug ambulanter Pflegekräfte oder vollstationär (formelle Pflege)

Abb. 2: Formelle und informelle Pflege (2001–2017) (vgl. Statistisches Bundesamt 2003–2018).

Die wachsende Zahl der pflegebedürftigen Menschen, die informell in privaten Haushalten versorgt werden, wird aber nicht nur von Angehörigen versorgt, wie die offizielle Sprachregelung des Statistischen Bundesamt »allein durch Angehörige« unterstellt, sondern auch von migrantischen Live-in-Pflegekräften aus Mittel- und Osteuropa (zumeist Frauen) (vgl. Rossow/Leiber 2017, 2019). Anders als für Österreich gibt es für Deutschland keine genauen Zahlen, wie viele dieser informellen Dienstleister*innen in deutschen Pflegehaushalten tätig sind. Hielscher, Kirchen-Peters und Nock (2017, S. 95) geben in ihrer Studie 163.000 Pflegehaushalte an, in denen Live-ins beschäftigt sind. Wenn bei einem überwiegenden Teil dieser Pflegehaushalte davon ausgegangen werden kann, dass ein Rotationssystem vorliegt, in das zwei Pendelmigrantinnen involviert sind, dann ist die Zahl der in Deutschland regelmäßig tätigen Live-in-Pflegekräfte höher. In Rekurs u. a. auf Thomas Klie nimmt Helma Lutz (2018, S. 29) – mangels valider Daten – eine weniger zurückhaltende Schätzung vor, die sich auf bis zu 600.000 sogenannte 24-Stunden-Pflegekräfte beläuft. In Österreich waren im Jahr 2017 61.737 Personenbetreuer*innen bei der Sozialversicherungsanstalt der gewerblichen Wirtschaft pflichtversichert (vgl. Aulenbacher et al. 2018, S. 49). Deutschlands Einwohnerzahl ist etwa zehnmal so hoch wie die Österreichs. Insofern eine vergleichbare Altersstruktur, regressive familiale Pflegepotenziale, eine ähnliche Präferenz für häusliche Pflege usw. angenommen werden, ist es daher nicht unplausibel, die Zahl der Personenbetreuer*innen in Österreich mit dem Faktor 10 zu multiplizieren und für Deutschland die Zahl der Live-in-Pflegekräfte – wie u. a. Klie und Lutz – auf bis zu 600.000 zu schätzen. Um eine Ahnung zu bekommen, wie hoch der Live-in-Anteil an der bezahlten Pflegearbeit in Deutschland ist, kann erneut auf die Studie von Hielscher, Kirchen-Peters und Nock (2017) zurückgegriffen werden. Die Studie ergibt, dass die Live-ins im Durchschnitt pro Woche 69 Stunden darauf verwenden, Tätigkeiten der Pflege, Hauswirtschaft, Betreuung und Aufsicht auszuführen. Die Angaben von Hielscher et al. (2017, S. 60, 95) ergeben circa 290.000 Vollzeitäquivalente. Laut Statistischem Bundesamt lassen sich bei ambulanten Pflegediensten und in Pflegeheimen 764.000 Vollzeitäquivalente ausmachen (vgl. Statistisches Bundesamt 2017, S. 10, 19). Die Pendelmigrantinnen übernehmen aber nicht nur die von der Hielscher et al.-Studie zeitlich registrierten Tätigkeiten, sondern sie sind auch in der Wohnung des Pflegebedürftigen (fast) rund um die Uhr in Bereitschaft. Wird nur die Zeit berücksichtigt, die die Live-ins mit den vier genannten zeitlich erfassten Tätigkeiten verbringen, dann leisten sie bereits mehr als ein Viertel der bezahlten Pflegearbeit in Deutschland.

Wenn man sich die Angehörigenpflege genauer anschaut, so wird deutlich, dass der überwiegende Teil der häuslich Pflegenden nach wie vor Frauen sind, jedoch bei zunehmendem Engagement von Männern in der Pflege (vgl. Ehrlich 2019). »Der Anteil der männlichen Hauptpflegepersonen ist seit 1998 um 11 Prozentpunkte von 20 auf 31 Prozent im Jahr 2016 angestiegen« (Auth 2019, S. 8). Bei den pflegenden Angehörigen im erwerbsfähigen Alter liegt der Anteil derer, die Vollzeit arbeiten, bei 28 %; 36 % arbeiten als Teilzeit- oder geringfügig Beschäftigte. Die Kombination von unentgeltlicher Pflegearbeit und Erwerbsarbeit ist zwischen den Geschlechtern ungleich ausgeprägt. Während der Anteil der pflegenden Frauen in Vollzeitbeschäftigung bei 20 % liegt, arbeiten pflegende Männer zu 50 % in Vollzeit (vgl. Schneekloth et al. 2017, S. 58).

In den (teil-)stationären Einrichtungen und ambulanten Diensten waren 2017 insgesamt 1,1 Millionen Mitarbeiter*innen beschäftigt. Gegenüber den im Jahr 1999 in Deutschland beschäftigten Pflegekräften entspricht dies einem Anstieg um 85 %. Der größte Teil (über 80 %) der beruflich Pflegenden sind Frauen (vgl. Auth 2019, S. 9). Wenn wir die Struktur der Beschäftigungsverhältnisse in den Blick nehmen, so fällt auf, dass der Anteil der Teilzeitbeschäftigung seit 1999 zugenommen hat. »Aktuell arbeiten 69 % der Beschäftigten in ambulanten Diensten und 63 % der Beschäftigten in Pflegeheimen Teilzeit« (Auth 2019, S. 9).[7]

Die These von der »chronischen Kostenkrankheit«

Soziologisch wird die geringe soziale Anerkennung in Pflegeberufen in Verbindung gebracht einerseits mit dem Bild der Pflege als klassischer Frauenarbeit, die (Schwieger-)Töchtern oblag und für die es vermeintlich keine weitere Qualifikation brauchte, und andererseits mit dem religiös aufgeladenen Dienstcharakter von Leistungen, die Diakonissen und katholisches Ordenspersonal aufopferungsvoll und nicht im Modus der Erwerbsarbeit erbringen sollten (vgl. Kreutzer 2005).[8]

Daneben kann ein ökonomischer Grund angeführt werden, den der Princeton-Ökonom William J. Baumol (1922–2017) auf den Begriff der »chronischen Kostenkrankheit« (Baumol/Oates 1972, S. 45) brachte. Baumol untersuchte bestimmte Dienstleistungen (kulturelle und personenbezogene), für die er im Zeitverlauf einen

---

7 »In der Pflegebranche wird Teilzeitarbeit gerne genutzt, um Personalengpässe zu bewältigen und Flexibilitätsressourcen auszuschöpfen. Aber auch die Pflegenden selbst wünschen häufig eine Teilzeitbeschäftigung, um die gesundheitlichen Belastungen, die mit der Tätigkeit einhergehen, bewältigen zu können« (Auth 2019, S. 9 f.).

8 »Die Schwester […] gleicht einer Hausfrau, die unermüdlich für die Ihren sorgt. In prächtiger Weise hat das eine Diakonieschwester einmal so formuliert: ›Die Schwester gehört nicht auf die Seite der berufstätigen Frau, sondern auf die Seite der Mütter.‹ Das bedeutet, dass eine formale Begrenzung ihrer Arbeitszeit undurchführbar ist, ohne ihren Dienst selbst zu gefährden. Eine Mutter, die nur acht Stunden am Tage für die Familie sorgen wollte, ist einfach nicht vorstellbar, sie wäre keine Mutter. Schwesterndienst fordert den ganzen Menschen« (Bellardi 1951, S. 29). Die bis heute geringe gewerkschaftliche Organisation in der Pflegebranche lässt sich auch mit diesen tradierten Vorstellungen vom »Liebesdienst am Nächsten« erklären. Zudem ist die Altenpflege durch »ein sehr zersplittertes System von Arbeitgeber-Arbeitnehmer-Beziehungen« (Evans/Ludwig 2019, S. 34) geprägt, das für die Interessenorganisation der beruflich Pflegenden eine große Herausforderung darstellt.

erheblichen Kostenanstieg konstatierte. Eines seiner Beispiele ist ein Kammermusikstück (vgl. Baumol/Oates 1972, S. 46 f.). Es braucht zum Spielen des Klaviertrios immer noch dieselbe Zeit wie vor knapp 200 Jahren, dennoch verdienen die Musiker ein Vielfaches dessen, was den Musikern im 19. Jahrhundert als Salär zustand. Baumol erklärt den Sachverhalt wie folgt: Es gibt sogenannte progressive und non-progressive Sektoren (vgl. Baumol 1967). In den progressiven Sektoren (z. B. der Landwirtschaft und der Industrie) wächst die Arbeitsproduktivität. Mithilfe des Einsatzes neuer Technik produziert ein Arbeiter in einer Stunde immer mehr Waren. Die steigenden Arbeitskosten, die mit den Lohnsteigerungen und Verbesserungen der Arbeitsbedingungen verbunden sind, werden durch die erheblich gestiegene Arbeitsproduktivität kompensiert. Die Kosten verteilen sich einfach auf mehr Produkte. Im non-progressiven Sektor sind derartige Zuwächse an Arbeitsproduktivität kaum denkbar. Nicht nur der Pianist und die Streicher können ihr Stück sinnvollerweise nicht schneller spielen, sondern auch ein therapeutisches Gespräch dürfte heute immer noch eine ähnliche Zeit in Anspruch nehmen wie zu Lebzeiten Freuds. Weil die Löhne in den non-progressiven Sektoren aber dennoch mit den Lohnsteigerungen und den Verbesserungen der Arbeitsbedingungen in den progressiven Sektoren Schritt halten müssen (andernfalls wäre langfristig niemand mehr bereit, in ersteren zu arbeiten), kommt es zu einem rasanten Kostenanstieg.

Konzentrieren wir uns im Folgenden auf den hier interessierenden Teilbereich der personenbezogenen sozialen Dienstleistungen: die Pflegedienstleistungen. Um den Kostenanstieg zu bremsen, haben Rationalisierungsbestrebungen durch Technisierung und Taylorisierung (wie wir sie z. B. aus der Industrie kennen) Einzug in die Pflege gehalten. Jedoch können wir uns bislang noch nicht vorstellen, dass etwa Pflegeroboter den pflegenden Menschen erfolgreich und vollkommen substituieren. Auch die »Optimierung« der Arbeitsabläufe stößt an Grenzen. Das hat mit der Struktur von Pflegearbeit zu tun: Sie basiert auf Kopräsenz und Koproduktion – die pflegebedürftige und die pflegende Person sind zur selben Zeit am selben Ort und arbeiten bzw. wirken zumeist zusammen (»unoactu-Prinzip«) – sowie auf Beziehungsarbeit, die wesentlicher Bestandteil einer gelingenden pflegerischen Dienstleistung ist bzw. dieser vorgelagert ist. Pflege ist zudem ein Erfahrungs- und Vertrauensgut; eine Prüfung der Leistung im Vorfeld kann nicht erfolgen, d.h. die pflegebedürftige und pflegende Person erfahren erst im Prozess der Erbringung die Güte der erbrachten Leistung; ferner muss die pflegebedürftige Person darauf vertrauen, dass die Pflegeleistung, die an und mit ihr erbracht wird, pflegerisch indiziert und qualitativ hochwertig ist. Pflege ist per se nur bedingt aufschiebbar, und das flüchtige Ergebnis der Pflege – das Gepflegt-Sein – ist nicht speicherbar. Diese summarischen Eigenschaften der Pflege bedingen, dass die Rationalisierungsbarrieren in diesem Bereich im Unterschied zur industriellen Warenproduktion und zu vielen unternehmensnahen Dienstleistungen (noch) hoch sind (vgl. Hagedorn 2019).

Um die Kostensteigerung in den Pflegedienstleistungen abzubremsen, sind neben Rationalisierungsstrategien Informalisierungsstrategien zu beobachten. Unter Informalisierung können einerseits etwa die Aktivierung familialer Pflege und ehrenamtlicher, sozialbürgerschaftlicher Ressourcen verstanden werden und anderseits die Verlagerung des Arbeitsvolumens in den Bereich »neuer, oft prekärer Beschäftigungsformen« (Bosch/Weinkopf 2011, S. 439).[9]

Vorüberlegungen zur ethischen Reflexion der gesellschaftlichen Organisation von Pflegearbeit

Um sich einer ethischen Reflexion anzunähern, möchte ich in einem ersten Schritt kurz auf Funktion und Nutzen der Pflegearbeit eingehen und begründen, dass Pflegearbeit (unabhängig davon, ob sie formell oder informell geschieht) gesellschaftlicher Organisation bedarf. In einem zweiten Schritt richte ich das Augenmerk auf die unbezahlte Pflege und dabei insbesondere darauf, dass Pflegearbeit als unentgeltliche Angehörigenpflege zwischen den Geschlechtern, aber auch zwischen ärmeren und reicheren Haushalten ungleich

---

9 In Deutschland sind viele Branchen im tertiären Sektor – darunter auch die sozialen Dienstleistungen – zum »Experimentierfeld für die Einführung geringer Löhne und die Ausweitung neuer, oft prekärer Beschäftigungsformen« (Bosch/Weinkopf 2011, S. 439) geworden.

verteilt ist (vgl. Hielscher et al. 2017, S. 26 f.). Zum einen sind nicht alle Gesellschaftsmitglieder in vergleichbarer Weise mit Pflegeverantwortung konfrontiert, zum anderen sind die Bedingungen ungleich, unter denen bestimmte Bevölkerungs- und Einkommensgruppen die Entscheidung treffen, als Angehörige selbst Pflegearbeit zu übernehmen oder diese an Externe zu delegieren. In diesem Zusammenhang wird geschlechtssensitiv und einkommensunabhängig sowohl für ein substanzielles »right to care« als auch für ein substanzielles »right not to care« argumentiert. In einem dritten Schritt rückt die bezahlte Pflegearbeit als formelle oder informelle Dienstleistung in den Blick.

Sowohl moralisch (rechtebasiert) als auch partikular-sittlich (bezogen auf die Vorstellungen des Guten) ist im Wertegefüge unserer Gesellschaft die Überzeugung fest verankert, dass gerade auch für die nicht und nie mehr erwerbstätigen (oder die nicht mehr anderweitig leistungsfähigen) Personen soziale Anerkennung und würdige Versorgung sichergestellt sein müssen.[10] Artikel 1 Grundgesetz hängt weder an dem gesellschaftlichen Zugehörigkeitsstatus noch an der Leistungsfähigkeit des Einzelnen, sondern an seinem Menschsein.

> »Ein alter oder kranker Mensch, der sich selbst nicht helfen kann und der auch niemanden hat, der ihm hilft, kann auf gesellschaftliche Hilfe rechnen. Wir lassen Hilfsbedürftige nicht einfach auf der Straße herumliegen« (Krebs 2002, S. 60).

Wenn über das im Zitat geschilderte Maß an Hilfeleistungen weit hinausgehende Leistungen nicht erfolgten, wären Moralität und Sittlichkeit unserer Gesellschaft tief verletzt. Mit anderen Worten: Weil diese moralischen und partikular-sittlichen Standards Gültigkeit beanspruchen, wird bei Wegfall der unentgeltlichen Angehörigenpflege – bei gleichzeitig fortdauernder Pflegebedürftigkeit –

---

10 »Die pflegerische Versorgung der Bevölkerung« wird dabei nicht mehr als Aufgabe Einzelner (Familien) mit Pflegeverantwortung ausgewiesen, sondern als »eine gesamtgesellschaftliche Aufgabe« (§ 8 [1] SGB XI). »Bis zur Einführung der Pflegeversicherung war traditionell und im Sinne des Subsidiaritätsprinzips die Familie (oder das soziale Nahumfeld) für die Altenpflege zuständig« (Auth 2019, S. 4).

unmittelbar ein Substitutionsbedarf ausgelöst. Denn Gepflegt-Sein ist kein speicherbares Gut, sondern die damit verbundene Arbeit fällt immer wieder aufs Neue an. D. h. Pflege ist eine Tätigkeit bzw. Leistung, die bei fortdauernder Pflegebedürftigkeit nicht wegfallen darf. Pflegearbeit ist demnach »gesellschaftliche Arbeit«[11] oder gesellschaftlich notwendige Arbeit, die, weil sie nicht wegfallen darf, in den gesellschaftlichen Leistungsaustausch eingelassen ist.[12] Als Angehörigenpflege wird sie vielfach verdeckt geleistet und ist ein Geschenk an die Gesellschaft, dem die Gesellschaft oft erst gewahr wird, wenn der Wegfall der unentgeltlichen Pflege »*Substitutionsprobleme* auf der Ebene der gesellschaftlichen Organisation aufwirft« (Kambartel 1993, S. 241 f.). Im Grunde produziert (unbezahlte wie bezahlte) Pflegearbeit Güter, die im Konsum den Kriterien der *Nicht-Ausschließbarkeit* und *Nicht-Rivalität* unterliegen, d. h. öffentliche Güter sind, von deren Produktion also alle Gesellschaftsmitglieder profitieren.[13] Bei allen Tätigkeiten bzw. Leistungen, die in den gesellschaftlichen Leistungsaustausch eingelassen sind und mit öffentlichen Gütern assoziiert werden, ist gesellschaftliche Organisation im Spiel.

Kommen wir zum zweiten Punkt: Wenn es sich um eine gesellschaftlich notwendige Arbeit handelt, die nicht wegfallen darf, dann sind gerade auch die Bedingungen, unter denen diese Arbeit ange-

---

11 »*Arbeit im gesellschaftlichen Sinne*, kurz: *gesellschaftliche Arbeit* heißt eine Tätigkeit für andere, welche am ›allgemeinen‹, durch die Form der Gesellschaft bestimmten, Leistungsaustausch zwischen ihren Mitgliedern teilnimmt« (Kambartel 1993, S. 241).

12 Im Anschluss an Friedrich Kambartel und Angelika Krebs wird im Text zumeist nicht von Arbeitsteilung, sondern von gesellschaftlichem Leistungsaustausch gesprochen.

13 Bei einer anderen Form der Care-Arbeit, der familialen Erziehung von Kindern, lässt sich der angesprochene öffentliche Gut-Charakter besonders anschaulich machen. Singles und Paare ohne eigene Kinder profitieren u. a. über das (umlagefinanzierte) Sozialversicherungssystem von den Kindern anderer, welche die Gruppe der zukünftigen Beitragszahler*innen bilden (vgl. Krebs 2002, S. 15).

nommen wird (werden muss), ethisch relevant.[14] Gibt es etwa für alle Gesellschaftsmitglieder (zumindest für diejenigen, die in vergleichbarer Weise mit Pflegeverantwortung betraut sind) die gleiche Möglichkeit, sich aus freien Stücken für oder gegen die Übernahme von Angehörigenpflege zu entscheiden? In konservativen Wohlfahrtsstaaten wurde/wird die Pflicht zur Pflege an Frauen, zumeist an (Schwieger-)Töchter, adressiert (zu der Arbeitsteilung zwischen Partnern und damit einhergehenden [Geschlechter-]Gerechtigkeitsfragen vgl. Schnabl 2005, S. 460f.). Vor dem Hintergrund getrennter Sphären, in denen sich die ungleiche Aufteilung der weiblich konnotierten Sorgearbeit (Privatheit) und der männlich konnotierten Erwerbsarbeit (Öffentlichkeit) spiegelt, die auch einen Beitrag dazu leistet, »die existierende soziale Hierarchie der Geschlechter [zu] verewig[en]« (Lutz 2007, S. 9), müsste überprüft werden, ob im Hinblick auf die familiale Arbeit als Angehörigenpflege ein substanzielles »right to care« (Knijn/Kremer 1997) ebenso wie ein substanzielles »right not to care« (Lewis 1997) einen Ausweg bilden könnten. Würde es diese beiden positiven (Freiheit *zu*[15]) Freiheitsrechte, deren Gewährleistung voraussetzungsreich ist, tatsächlich als gleichwertige Rechte geben, dann wäre jedem Gesellschaftsmitglied – ob Mann oder Frau, ob arm oder reich – selbst überlassen, ob es als pflegende*r Angehörige*r in Aktion tritt oder als Beitrags- und Steuerzahler*in beide Freiheitsrechte gesamtgesellschaftlich substanziell mitabsichert. Gegenüber einem expliziten Familialismus, der Angehörigenpflege fördert, und einem impliziten Familialismus, der keine familialisierenden Maßnahmen ergreift und nach dem Motto verfährt: »Man kann nicht tiefer fallen als in die Hände der eigenen Familie«, würden diese beiden positiven Freiheitsrechte Wahlmöglichkeiten garantieren (optionaler Familialismus; vgl. Leitner 2010, S. 229) und

---

14 Und zwar – mit Blick auf die Angehörigenpflege – vorrangig zu der im Rahmen eines »individuellen Problems« thematisierten Frage nach der Vereinbarkeit von Familie und Beruf für Frauen. 2008 wurden mit der Einführung einer Pflegezeit (Pflege-Weiterentwicklungsgesetz) und 2012 mit der Einführung der Familienpflegezeit erste Schritte dahingehend gesetzt, die Frage nach der Vereinbarkeit von Beruf und Pflege sozialstrukturell anzugehen. Zur kritischen Einordnung vgl. Auth 2019, S. 6.
15 Im Unterschied zu negativen (Freiheit *von*) Freiheitsrechten.

z. B. die Gefahr geschlechterungerechter Arbeitsteilung unwahrscheinlicher machen. Die mit diesen positiven Freiheitsrechten einhergehende Institution und Organisation ließen sich mit den drei großen (utilitaristischen, rechtebasierten und partikular-sittlichen) Ethiksträngen vermitteln und als ethisch vorzugswürdig ausweisen, a) weil sie sich auf das Wohlbefinden aller (insbesondere der Pflegebedürftigen und der pflegenden Angehörigen) wahrscheinlich besser auswirken, b) weil sie die Menschenrechte besser zu verwirklichen helfen und c) weil die mit ihnen eröffneten Optionen, Pflegearbeit zu vertretbaren Bedingungen und guten Gewissens zu übernehmen oder zu delegieren, besser zu den Wert- und Normvorstellungen unserer Gesellschaft passen. Während mit der Gewährleistung eines »right to care« zu vertretbaren Bedingungen u. a. rechtliche und soziale Absicherungen, ein Pflegendengeld (das entweder – analog zum Elterngeld – als einkommensabhängige Lohnersatzleistung oder als einkommensunabhängige Zahlung zu konzipieren wäre), aber auch unterstützende pflegerische und hauswirtschaftliche Dienstleistungen einhergingen, würde mit einem »right not to care« u. a. der erhebliche Auf- und Ausbau attraktiver (teil-)stationärer Einrichtungen verbunden sein, bei denen die Angehörigen ihre Pflegebedürftigen in guten Händen wissen (zu politischen Maßnahmen und zur Absicherung der beiden positiven Freiheitsrechte vgl. auch Heimbach-Steins et al. 2019). Bei substanzieller Garantie der beiden positiven Freiheitsrechte könnte auch eine für die klassische Arbeitsgesellschaft gängige Asymmetrie nivelliert werden.[16] Diese Asym-

---

16 Die Arbeitsgesellschaft ist oft totgesagt worden (ihr ginge die Arbeit aus etc.; vgl. Dahrendorf 1983), aber sie erweist sich – allen Unkenrufen zum Trotz – als erstaunlich krisenfest und wandlungsfähig. Mit dem Begriff der Arbeitsgesellschaft wird zum Ausdruck gebracht, »dass die Verteilung der gesellschaftlichen Güter, der Lebenschancen, des gesellschaftlichen Ansehens und des individuellen Selbstwertgefühls bei uns weitgehend über die Erwerbsarbeit geregelt ist. Die Erwerbsarbeit ist weithin das wichtigste Mittel individueller Existenzsicherung, über sie wird die Sozialversicherung finanziert, der Beruf ist eines der wichtigsten Kennzeichen der eigenen Identität« (Meireis 1996, S. 160). Welche Bedeutung der Erwerbsarbeit gerade für das individuelle Selbstwertgefühl und die eigene Identität zukommt, wird auch in Axel Honneths »Das Recht der Freiheit« beschrieben: »Kein Arbeitnehmer tritt [...] ethisch indifferent oder gar ablehnend in die ökonomische Sphäre

metrie besteht zwischen denen, die nicht erwerbstätig sein können, weil sie andere unverzichtbare, unentgeltliche Arbeit (nicht Erwerbsarbeit) leisten[17], und denen, die gemäß den gesellschaftlichen Plausibilitäten, die mit Erwerbsarbeit verbunden sind, arbeiten können und in den Genuss hoher Wertschätzung, Achtung etc. kommen.

Wenden wir uns in einem dritten Schritt der Pflegearbeit als formeller und informeller Dienstleistung zu. Wenn es generell um Erwerbstätigkeit in der demokratischen (europäischen[18]) Bürgergesellschaft geht, dann geraten zwei (Macht-)Asymmetrien in den Blick, die dem demokratisch-bürgergesellschaftlichen Ideal, sich als Freie und Gleiche zu begegnen, zuwiderlaufen. Erstens gibt es die Personen, die nicht lohnarbeiten müssen, um ein auskömmliches Einkommen zu haben; sie können Einkommen aus Vermögen (Renten) beziehen und damit ihr Auskommen sichern. Demgegenüber steht die überwiegende Mehrheit der Personen, die notwendig lohnarbeiten müssen; sie können nicht darauf verzichten, ihre Arbeitskraft zu verkaufen; werden sie »vor der Zeit« arbeitsunfähig oder arbeitslos, bedingt dies eine Krise, die mit einem schnellen Abrutschen in relative Armut einhergehen kann. Zweitens impli-

---

des Marktes ein, vielmehr ist ein jeder sozialisatorisch so vorgeprägt, dass er […] aus der Erfüllung seiner Berufspflichten psychische Befriedigung und Selbstachtung ziehen kann« (Honneth 2011, S. 342). Vgl. in diesem Kontext zudem Castel/Dörre 2009.

17 Diese Arbeit ist mit dem Stigma versehen, sie sei, weil sie (anders als die Erwerbsarbeit) nicht Teil der Geldwirtschaft ist, nicht wertschöpfend – dabei beginnt »Wirtschaft […] mit der Herstellung von Menschen: mit Gebären, Nähren, Erziehen, damit das Überleben der Menschen, die geboren worden sind, sichergestellt wird« (Praetorius 1997, S. 254).

18 Diese Erweiterung ist vor dem Hintergrund wichtig, dass die Arbeitnehmerfreizügigkeit als Kernbestandteil des für alle EU-Mitgliedstaaten verbindlich geltenden Unionsrechts und die Lohngefälle, die nach wie vor zwischen den EU-Mitgliedstaaten bestehen, Möglichkeitsbedingungen dafür sind, dass Live-in-Pflege – ohne schwer kalkulierbare Reibungsverluste (Transaktionskosten) – von Pendelmigrant*innen angeboten und von deutschen Pflegehaushalten nachgefragt wird. »Insbesondere zwischen Deutschland und Polen ist […] eine regelrechte ›Entsende-Industrie‹ rund um die Live-in-Betreuung entstanden: Private Vermittlungs- und Entsende-Unternehmen für Live-ins aus Mittel- und Osteuropa sind neue Akteure auf einem transnationalen Sorgemarkt« (Rossow/Leiber 2019, S. 41).

ziert abhängige Beschäftigung per se organisationale Herrschaft. Während der Arbeitszeit unterliegen die Arbeitnehmer*innen dem Direktionsrecht der Arbeitgeber*innen. Unter anderem die Arbeiterbewegungen halfen mit, den Druck aufzubauen, um Beschäftigungsverhältnisse arbeits- und sozialrechtlich zu flankieren und die skizzierten (Macht-)Asymmetrien ›abzufedern‹ bzw. erträglicher werden zu lassen.[19] Beide Asymmetrien sind bei der gesellschaftlichen Organisation der Pflegeerwerbsarbeit und ihrer ethischen Reflexion stets mitzudenken.

Weil es um gesellschaftlich notwendige Arbeit geht, die nicht wegfallen darf, und es sich bei den formell oder informell Pflegenden um vollkooperationsfähige Personen handelt, die in den gesellschaftlichen Leistungsaustausch unverzichtbar eingebunden sind, kann John Rawls' »Theorie der Gerechtigkeit« herangezogen werden, um Ansprüche auszutarieren, welche die Pflegenden begründet erheben können. Rawls bemüht ein normatives Bild – das des Orchesters –, mit dem er den Kooperationszusammenhang und die volle Kooperationsfähigkeit seiner Mitglieder beschreibt. Er sieht in einer Gruppe von Musikern ein »reines Beispiel« (Rawls 1975, S. 569 [Fn. 4]) für die Gesellschaft als Kooperation zum wechselseitigen Vorteil. Wenn man dieses Bild mit der Pflege(erwerbs)arbeit vermittelt, wird schnell deutlich, dass formell und informell Pflegende Instrumente spielen (können),

---

19 »[D]iese Regelungen waren [...] in Form von individuellen Rechtsansprüchen formuliert, für deren Einklagbarkeit der Staat mit seiner Zwangsbefugnis die Gewähr zu übernehmen hatte; es war der einzelne Erwerbstätige, der von nun an ein staatlich verbürgtes Anrecht darauf besitzen sollte, vor den vielfältigen Risiken einer Beschäftigung nach Maßgabe allein des unternehmerischen Gewinninteresses geschützt zu sein. Zum ersten Mal in der noch kurzen Geschichte der kapitalistischen Marktwirtschaft zeichnete sich damit in noch vagen Umrissen ein ›neuartiges Lohnabhängigkeitsverhältnis‹ (Robert Castel) ab, das mehr vorsah, als den Arbeiter mit dem Lohn bloß ›punktuell‹ für eine verrichtete Aufgabe zu vergüten; vielmehr wurde seine Stellung im Zuge der sozialpolitischen Initiativen jetzt intrinsisch mit elementaren Rechtsansprüchen versehen, die ihm den Zugang zu Leistungen eröffneten, welche sich jenseits der vertraglich vereinbarten Entlohnung für seine Arbeitstätigkeit befanden. Der ›Pauper‹ der ersten Stunde war auf dem Weg, ob nun durch den Erfolg seiner kämpferischen Anstrengungen oder dank der sicherheitspolitischen Weitsicht des Staates, zum statusgeschützten Lohnarbeiter des 20. Jahrhunderts zu werden« (Honneth 2011, S. 424 f.).

die benötigt werden, um das volle Klangbild der »Symphonie« zu entfalten. Diese »normale[n] und voll kooperierende[n] Mitglieder der Gesellschaft« (Rawls 2003, S. 264) zählen also zur Gruppe derer, die sich hinter dem »Schleier des Nichtwissens« auf grundsätzliche »normative Leitplanken« (darunter das Differenzprinzip) einigen.[20]

Für die folgende ethische Argumentation wird dieser mögliche gerechtigkeitstheoretisch-kontraktualistische Weg nicht weiter beschritten, sondern ein anderer Argumentationsgang vorgeschlagen. Dabei wird auf Axel Honneths anerkennungstheoretische Intuition zurückgegriffen, dass es in modernen Arbeitsgesellschaften bzw. in den Kooperationszusammenhängen des kapitalistischen Marktes immer auch darum geht, als »ein Gleicher unter Gleichen« (Honneth 2011, S. 352, 458) soziale Wertschätzung zu erfahren.[21] Diese Wertschätzung lässt sich in kontextinvarianten, menschenrechtlichen Kriterien mit universalem Geltungsanspruch und in kontextvarianten Kriterien konkretisieren, die sich z. B. aus spezifischen arbeitsrechtlichen Errungenschaften extrahieren lassen und damit einen auf bestimmte Arbeitsgesellschaften beschränkten Geltungsanspruch aufweisen (die weitere Argumentation folgt Emunds [2018, 2019]). Mit basalen menschenrechtlichen Kriterien, die weltweit Geltung beanspruchen, lässt sich *menschenwürdige* von *menschenunwürdiger* Erwerbsarbeit unterscheiden. Kontextvariante Gerechtigkeitsstandards, die nicht universal, sondern nur bezogen auf bestimmte Gesellschaften Geltung beanspruchen können, weisen Erwerbsarbeit entweder als *gerecht* oder *ungerecht* aus.

Die kontextinvarianten Standards menschenwürdiger Erwerbsarbeit, die universale Geltung beanspruchen, geben Aufschluss darüber, wie wir uns in den Rollen als Erwerbstätige wechselseitig als

---

20 Zur Problematisierung der Annahme voller Kooperationsfähigkeit, die für Rawls' »Theorie der Gerechtigkeit« grundlegend ist, vgl. Spieß 2008.
21 Umgekehrt gilt für Honneth die Verfasstheit von Beschäftigungsverhältnissen dann als »ungerechtfertigt oder illegitim«, wenn »sie den [...] Beteiligten kein lebenssicherndes Einkommen mehr garantiert, faktische Leistungen nur noch unzureichend in der Höhe der Entlohnung und sozialer Reputation würdigt sowie überhaupt kaum mehr Möglichkeiten zur Erfahrung des kooperativen Einbezogenseins in die gesellschaftliche Arbeitsteilung bietet« (Honneth 2011, S. 458).

Menschen respektieren und uns Ebenbürtigkeit zuerkennen. Zu diesen basalen Standards zählen z. B. kein Hungerlohn, keine überlangen Arbeitszeiten, keine Zwangsarbeit und keine Einschränkung der Koalitionsfreiheit. Solche menschenrechtlichen Mindestanforderungen an Erwerbsarbeit und Arbeitsverhältnisse lassen sich z. B. mit der Kantischen Selbstzweckformel bzw. seinem Kategorischen Imperativ, niemanden »bloß als Mittel« zu behandeln, begründen.[22] In diesem Zusammenhang kann das Instrumentalisierungsverbot wie folgt konkretisierend gedeutet werden (vgl. auch Schaber 2012, 2013):

> »Menschen werden dann nicht instrumentalisiert, wenn sie über wesentliche Bereiche ihres Lebens selbst bestimmen können und in ihrem Leben wenigstens über einige akzeptable Optionen verfügen, zwischen denen sie wählen können« (Emunds 2019, S. 162).

Die Anforderungen, die erfüllt sein müssen, um von menschenwürdiger Arbeit zu sprechen, lassen sich durch Rekurs auf Mindestnormen für die Qualität der Arbeit in der Allgemeinen Erklärung der Menschenrechte und in völkerrechtlich verbindlichen Verträgen weiter präzisieren. Die Allgemeine Erklärung der Menschenrechte hält z. B. zur Arbeitszeit fest: »Jeder hat das Recht auf Erholung und Freizeit und insbesondere auf eine vernünftige Begrenzung der Arbeitszeit und regelmäßigen bezahlten Urlaub« (Artikel 24; vgl. auch den Internationalen Pakt über wirtschaftliche, soziale und kulturelle Rechte [UN-Sozialpakt] Artikel 7). Weiter ausgeführt und konkretisiert werden die Arbeitszeitregelungen im ILO-Übereinkommen 189 »über menschenwürdige Arbeit für Hausangestellte«, dessen Bestimmungen im Jahr 2013 von der Bundesrepublik Deutschland ratifiziert und damit als völkerrechtlich bindend anerkannt wurden: »Die wöchentliche Ruhezeit hat mindestens 24 aufeinanderfolgende Stunden zu betragen« (Artikel 10 [2]).

Wechseln wir nun auf die Ebene kontextvarianter Gerechtigkeitsstandards. Nicht nur als *menschenwürdig,* sondern darüber hin-

---

22 »Handle so, daß du die Menschheit, sowohl in deiner Person, als in der Person eines jeden andern, jederzeit zugleich als Zweck, niemals bloß als Mittel brauchest« (Kant 1786/1974, S. 61).

aus auch als *gerecht* können (selbstständige wie unselbstständige) Beschäftigungsverhältnisse dann bezeichnet werden, wenn sie es den Erwerbstätigen ermöglichen, »als Gleiche unter Gleichen« in einem konkreten arbeitsgesellschaftlichen Kontext sozial wertgeschätzt zu interagieren. Um die Gerechtigkeitsanforderungen zu spezifizieren, sollen zwei komplementäre Aspekte genannt werden:

»Arbeitsverhältnisse sind *erstens* dann als ungerecht zu bezeichnen, wenn mit ihnen für die*den Arbeitende*n strukturell die Demütigungserfahrung verbunden ist, dass er*sie nur eine Erwerbsarbeit zweiter Klasse hat. Ein Beschäftigungsverhältnis gilt in Deutschland u. a. dann als Erwerbsarbeit zweiter Klasse, wenn es nicht sozialversicherungspflichtig ist oder der Stundenlohn so niedrig ist, dass er bei einer Vollzeitstelle nicht auskömmlich wäre. Arbeitsverhältnisse sind *zweitens* dann ungerecht, wenn sie die gesellschaftlichen Aufgaben nicht oder nur sehr unzureichend erfüllen, die in Arbeitsgesellschaften mit Erwerbsarbeit verbunden werden, also u. a. ein ausreichendes Einkommen und soziale Sicherheit zu bieten sowie gesellschaftliche Beteiligung und persönliche Entfaltung zu ermöglichen« (Emunds 2019, S. 159).

Unter die Möglichkeit persönlicher Entfaltung fällt auch, nicht gezwungen zu sein, den erlernten und verinnerlichten beruflichen Standards zuwiderzuhandeln; die alltägliche Arbeit darf also nicht permanent dem in der Ausbildung vermittelten beruflichen Selbstverständnis widersprechen. Macht die Arbeitsorganisation es hingegen wahrscheinlich, dass Beschäftigte immer wieder gegen die internalisierten Standards des eigenen beruflichen Selbstverständnisses verstoßen müssen, ist diese Erwerbsarbeit als ungerecht zu qualifizieren (vgl. Emunds 2019, S. 160).

Wenn wir die skizzierten Kriterien zur ethischen Reflexion der bezahlten Pflegearbeit heranziehen, dann ist zunächst die ständige Verfügbarkeit der Live-in-Pflegekräfte in privaten Haushalten zu thematisieren; weil ständige Verfügbarkeit mit Bereitschaftsdienst einhergeht und Bereitschaftszeit Arbeitszeit ist, liegt eine völlige Entgrenzung der Arbeitszeit vor (vgl. Karakayali 2010, S. 116; Emunds/Schacher 2012, S. 61 f.; Satola 2015, S. 18, 185; Emunds

2016; Kniejska 2016, S. 60, 87; Pflege zu Hause 2017, S. 91). Solange eine Erwerbstätige sich im Wohnbereich der Pflegebedürftigen aufhält, was ihr Live-in-Status nahelegt, ist eine Abgrenzung von der Arbeit (also die Unterstützungs- und Pflegebedarfe, wenn sie anfallen, nicht zu decken) nur schwer möglich. Mit einer besonderen psycho-physischen Belastung ist der Pflegealltag dann verbunden, wenn zum Tagesdienst häufige nächtliche Pflege- und Betreuungseinsätze hinzukommen. Viele Live-in-Pflegekräfte erleben die Dauerbeanspruchung im Pflegehaushalt als große Belastung (vgl. Ignatzi 2014, S. 244 f., 306 f., 309). Vor allem, weil den Live-in-Pflegekräften während ihres Aufenthalts in Deutschland nahezu jeder Freiraum zur Verfügung über das eigene Leben genommen ist, ist die Struktur dieser Erwerbsarbeit als menschenunwürdig zu bezeichnen. Selbst wenn die Einsatzzeit in einem Rotationssystem nur vier Wochen beträgt, handelt es sich um eine viel zu lange Zeitspanne ohne selbstbestimmte Zeit.[23] Das Arbeitszeitregime der Live-in-Pflege in privaten Haushalten verstößt gegen basale Mindeststandards menschenwürdiger Arbeit.

Wenn der Arbeitsalltag von Angestellten ambulanter Dienste oder in (teil-)stationären Einrichtungen in den Blick gerät, so fällt auf, dass die mehrheitlich von Frauen besetzten Arbeitsstellen oft in Teilzeit ausgeübt werden bzw. als Zuverdienst-Stellen konzipiert sind. Dies ist dann ein Gerechtigkeitsproblem, wenn sich herausstellt, dass in der Arbeitsintensität der Grund dafür liegt, dass eine Vollzeit-Erwerbstätigkeit nicht realisiert wird.

»Wenn die Arbeitsintensität eine Vollzeit-Erwerbstätigkeit (auf Dauer) nicht zulässt, aber auch wenn Altenpfleger*innen […] geteilte Dienste leisten (und ggf. nicht einmal Überstunden bezahlt bekommen, die darauf zurückgehen, dass sie sich für einzelne Pflegebedürftige mehr Zeit genommen haben), kann

---

23 Hinzu tritt der Aspekt der niedrigen Vergütung als Folgeproblem der entgrenzten Arbeitszeit. »Selbst bei einer sehr wohlwollenden Berechnung (z. B. bei Einbezug von Kosten für Unterkunft und Verpflegung) ergibt sich ein Stundenlohn von zwei bis drei Euro, was im deutschen Arbeitsrecht als sittenwidriger Lohn gilt« (Emunds 2018, S. 15 [Fn. 8]).

man von verkappten Vollzeitstellen ausgehen, bei denen man das Entgelt schwerlich als auskömmlich bezeichnen kann« (Emunds 2019, S. 160 f.).

So lassen sich nicht wenige Teilzeitarbeitsverhältnisse in der Pflege als »Erwerbsarbeit zweiter Klasse« (Emunds 2019, S. 161) identifizieren, die trotz hoher Arbeitsbelastung und hohem Zeitaufwand mit einer lückenhaften sozialen Absicherung und mit einem so niedrigen Entgelt einhergehen, dass vonseiten der Partner*innen oder über Arbeitslosengeld »aufgestockt« werden muss.[24]

Neben der genannten Ungerechtigkeit kann ein weiteres Gerechtigkeitsproblem ausgemacht werden. Der systembedingte Zwang zur Kostensenkung in der Pflege führt(e) sowohl in den ambulanten Diensten als auch in den (teil-)stationären Einrichtungen zu einer (dem industriellen Fabriksystem entwachsenen) Taylorisierung der Arbeitsabläufe. Taylorisierung steht hier für die Beschleunigung, »effizientere Organisation« und »Optimierung« von Arbeitsabläufen sowie die Standarisierung von Leistungen. In der sogenannten Minutenpflege ist diese Strategie besonders augenfällig (vgl. Isfort et al. 2012). Das Minutenmanagement und die Arbeitsverdichtung (aufgrund zu knapper Personalbemessung) führen dazu, dass Pflegekräfte häufiger als andere Erwerbstätige Abstriche an der Qualität der einzelnen Pflegeleistungen machen müssen (vgl. Ver.di 2013, S. 10). Auch der Kommunikationsaspekt der Pflege, der wesentlich für gute Pflege ist, muss reduziert werden. Pflege unter Zeitdruck verlangt also eine Arbeitsweise, die mit dem professionellen Selbstverständnis examinierter Altenpfleger*innen und Pflegehelfer*innen nicht kompatibel ist. Der Zwang, ständig im Widerspruch zu den eigenen beruflichen Standards arbeiten zu müssen, führt zu Unzufriedenheit sowie zu einer erheblichen Beeinträchtigung der Selbstschätzung und der persönlichen Entfaltungschancen der Pflegekräfte. Die unter

---

24 »Ohne Sonderzahlungen lag 2013 (beim Lohnspiegelprojekt des DGB) der Bruttomonatsverdienst einer Altenpflegerin, eines Altenpflegers – umgerechnet auf 38 Wochenstunden – durchschnittlich bei 2.188 Euro, einer Altenpflegehelferin, eines Altenpflegehelfers bei 1.887 Euro […]. Bei einer 50 Prozent-Stelle kommt man dann auf 1.094 Euro bzw. 944 Euro« (Emunds 2019, S. 161 [Fn. 10]).

starkem Zeitdruck geleistete Erwerbsarbeit der Pflegekräfte wird (bzw. die Strukturen des deutschen Pflegesystems, welche die Altenpfleger*innen vielfach zu einer solchen Arbeitsweise zwingen, werden) als ungerecht qualifiziert. Schließlich widerspricht sie (bzw. widersprechen sie) der für moderne Arbeitsgesellschaften charakteristischen Aufgabe von Erwerbsarbeit, zur persönlichen Entfaltung der Erwerbstätigen beizutragen.

Ausblick

Pflegearbeit befindet sich in einem besonderen Spannungsfeld von formeller und informeller Arbeit. Wenn mit unentgeltlicher Angehörigenpflege und nachbarschaftlichen Unterstützungsressourcen auch große Hoffnungen verknüpft werden und diese Tätigkeiten mit vielen Pflegedienstleistungen bereits auf vielfältige Weise interagieren und interferieren, so werden Gesellschaft und Staat dennoch nicht umhinkommen, alle Bürger*innen gleichermaßen mit einem substanziellen »right to care« und einem substanziellen »right not to care« auszustatten. Dabei können beide positiven Freiheitsrechte nur garantiert werden, wenn – neben vielem anderen – eine öffentliche Pflegeinfrastruktur subsidiär bereitgestellt wird, zu deren Finanzierung über Beiträge und Steuern alle Bürger*innen verpflichtet werden können und dürfen.

Mit dem Strukturwandel der Erwerbsarbeit – weniger Industriearbeit und unternehmensnahe Dienstleistungen, mehr personenbezogene soziale Dienstleistungen (darunter die auch subsidiär so wichtigen Pflegedienstleistungen) – stellt sich grundsätzlich die Frage, in welcher Arbeitsgesellschaft wir in Zukunft leben werden und leben wollen. Werden wir künftig in einer Arbeitsgesellschaft leben, die weiterhin die gewerkschaftlich erkämpften Arbeitnehmer*innenrechte und einen hohen Grad sozialer Sicherung garantiert? Oder bleibt nur der Weg in eine Arbeitsgesellschaft, in der die »Arbeit am und mit Menschen« von prekär Erwerbstätigen geleistet wird – weit entfernt von den arbeits- und sozialrechtlichen Standards, die in der deutschen Industriegesellschaft erstritten wurden?

Es bedarf einer Dienstleistungspolitik, die die starke Zunahme des Anteils der personenbezogenen sozialen Dienstleistungen am

Arbeitsvolumen insgesamt flankiert und die der Umprogrammierung des deutschen Wirtschafts- und Sozialmodells (nämlich von arbeits- und sozialrechtlich abgesicherten Lohnarbeitsverhältnissen, die mit dazu beitrugen, soziale Ungleichheitslagen zu balancieren, hin zu prekären Formen der Beauftragung und Beschäftigung) entschieden entgegentritt.

Ein Sozialstaat, der seit Jahrzehnten auf arbeits- und sozialrechtlich abgesicherter abhängiger Beschäftigung beruht, d. h. zum überwiegenden Teil von Lohnabhängigen über Steuern und Abgaben finanziert wird, muss ein vitales Interesse daran haben, dass ökonomische und rechtliche Ansprüche der Lohnabhängigen vor den Funktionsregeln des Marktes in Schutz genommen werden. Gerade weil in Zukunft – folgt man gängigen Prognosen (vgl. Baethge/Baethge-Kinsky 2017) – viele Menschen in den personenbezogenen sozialen Dienstleistungen, darunter den Pflegedienstleistungen, erwerbstätig sein werden, bedarf es – in Analogie zur deutschen Industriepolitik, die den Wirtschaftsstandort Deutschland prägte – nunmehr einer ambitionierten Dienstleistungspolitik. Das politische Hauptaugenmerk sollte nicht mehr auf den Autokonzernen und den dort verbliebenen Arbeitsplätzen ruhen, sondern es sollte auf Beschäftigungsverhältnisse und Arbeitnehmer*inneninteressen in der boomenden Pflegebranche gerichtet werden.

Literatur

Aulenbacher, B./Leiblfinger, M./Prieler, V. (2018): Ein neuer Sorgemarkt im Wohlfahrtsstaat: 24-Stunden-Betreuung in Österreich und Dienstleistungsangebote von Wiener Vermittlungsagenturen. In: Filipič, U./Schönauer, A. (Hg.): Zur Zukunft von Arbeit und Wohlfahrtsstaat. Perspektiven aus der Sozialforschung. Wien: Arbeiterkammer (Sozialpolitik in Diskussion, Band 19), S. 47–56.

Auth, D. (2019): Politikfeld »Pflege«. In: Aus Politik und Zeitgeschichte (33–34), S. 4–11.

Baethge, M./Baethge-Kinsky, V. (2017): Entwicklung des Arbeitsmarktes unter geschlechtsspezifischen Aspekten – mit einem Exkurs zu Frauenerwerbstätigkeit und Digitalisierung. Expertise für den Zweiten Gleichstellungsbericht der Bundesregierung. Göttingen.

Baumol, W. J. (1967): Macroeconomics of Unbalanced Growth: The Anatomy of Urban Crisis. In: American Economic Review 57 (3), S. 416–426.

Baumol, W. J./Oates, W. E. (1972): The Cost Disease of the Personal Services and the Quality of Life. In: Skandinaviska Enskilda Banken Quarterly Review (No. 2), S. 44–54.

Bellardi, W. (1951): Schwesternberuf und Diakonie. Entspricht der heutige Dienst der Schwester noch dem diakonischen Gedanken? Berlin-Dahlem.

Bosch, G./Weinkopf, C. (2011): Arbeitsverhältnisse im Dienstleistungssektor. In: WSI-Mitteilungen (9), S. 439–446.

Castel, R./Dörre, K. (2009): Schlussbemerkung. In: Castel, R./Dörre, K. (Hg.): Prekarität, Abstieg, Ausgrenzung. Die soziale Frage am Beginn des 21. Jahrhunderts. Unter Mitarbeit von Peter Bescherer. Frankfurt a.M., S. 381–385.

Ehrlich, U. (2019): Familiäre Pflege und Erwerbsarbeit. In: Aus Politik und Zeitgeschichte (33–34), S. 49–54.

Emunds, B. (2016): Menschenunwürdige Pflegearbeit in deutschen Privathaushalten. Sozialethische Bemerkungen zu den Arbeitsverhältnissen mittel- und osteuropäischer Live-Ins. In: Jahrbuch für Christliche Sozialwissenschaften 57, S. 199–224.

Emunds, B. (2018): Beendet die Ausbeutung in der sogenannten 24-Stunden-Pflege! Ethische Bemerkungen zu Arbeitsverhältnissen in deutschen Pflegehaushalten. In: Kirche und Gesellschaft (Nr. 454).

Emunds, B. (2019): Überforderte Angehörige – ausgebeutete Live-Ins – Burnoutgefährdete Pflegekräfte. Sozialethische Bemerkungen zur verweigerten sozialen Wertschätzung Pflegender in Deutschland. In: Fuchs, M./Greiling, D./Rosenberger, M. (Hg.): Gut versorgt? Ökonomie und Ethik im Gesundheits- und Pflegebereich. Baden-Baden, S. 147–167.

Emunds, B./Schacher, U. (2012): Ausländische Pflegekräfte in Privathaushalten. Abschlussbericht zum Forschungsprojekt. Frankfurt a.M. (Frankfurter Arbeitspapiere zur gesellschaftsethischen und sozialwissenschaftlichen Forschung, 61).

Evans, M./Ludwig, C. (2019): »Dienstleistungssystem Altenhilfe« im Umbruch. In: Aus Politik und Zeitgeschichte (33–34), S. 31–36.

Hagedorn, J. (2019): Formelle und informelle Sorgearbeit. In: Seidl, I./Zahrnt, A. (Hg.): Tätigsein in der Postwachstumsgesellschaft. Marburg.

Heimbach-Steins, M./Hänselmann, E./Quaing, L. (2019): Angehörigenpflege – unsichere Existenz und politische Vereinnahmung (Sozialethische Arbeitspapiere des Instituts für Christliche Sozialwissenschaften, 12).

Hielscher, V./Kirchen-Peters, S./Nock, L. (2017): Pflege in den eigenen vier Wänden: Zeitaufwand und Kosten. Pflegebedürftige und ihre Angehörigen geben Auskunft (STUDY – Hans Böckler Stiftung, Nr. 363).

Honneth, A. (2011): Das Recht der Freiheit. Grundriß einer demokratischen Sittlichkeit. Frankfurt a.M.

Ignatzi, H. (2014): Häusliche Altenpflege zwischen Legalität und Illegalität dargestellt am Beispiel polnischer Arbeitskräfte in deutschen Privathaushalten. Berlin.

Isfort, M./Weidner, F./Malsburg, A. von der/Lüngen, M. (2012): Mehr als Minutenpflege. Was brauchen ältere Menschen, um ein selbstbestimmtes Leben in ihrer eigenen Häuslichkeit zu führen? Bonn.

Kambartel, F. (1993): Arbeit und Praxis. Zu den begrifflichen und methodischen Grundlagen einer aktuellen politischen Debatte. In: Deutsche Zeitschrift für Philosophie 41 (2), S. 239–249.

Kant, I. (1786/1974): Kritik der praktischen Vernunft. Grundlegung zur Metaphysik der Sitten. Werkausgabe – Band VII. Herausgegeben von W. Weischedel. Frankfurt a. M.

Karakayali, J. (2010): Transnational Haushalten. Biografische Interviews mit care workers aus Osteuropa. Wiesbaden.

Kniejska, P. (2016): Migrant Care Workers aus Polen in der häuslichen Pflege. Zwischen familiärer Nähe und beruflicher Distanz. Wiesbaden.

Knijn, T./Kremer, M. (1997): Gender and the Caring Dimension of Welfare States: Toward Inclusive Citizenship. In: Social Politics 4 (3), S. 328–361.

Krebs, A. (2002): Arbeit und Liebe. Die philosophischen Grundlagen sozialer Gerechtigkeit. Frankfurt a. M.

Kreutzer, S. (2005): Vom »Liebesdienst« zum modernen Frauenberuf. Die Reform der Krankenpflege nach 1945. Frankfurt a. M.

Leitner, S. (2010): Familialismus in konservativen Wohlfahrtsstaaten: Zum Wandel des Geschlechterleitbilds in der Kinderbetreuungs- und Altenpflegepolitik. In: Auth, D./Buchholz, E./Janczyk, S. (Hg.): Selektive Emanzipation. Analysen zur Gleichstellungs- und Familienpolitik. Opladen, S. 219–238.

Lewis, J. (1997): Gender and Welfare Regimes: Further Thoughts. In: Social Politics 4 (2), S. 160–177.

Lutz, H. (2007): Intime Fremde – Migrantinnen als Haushaltsarbeiterinnen in Westeuropa. In: L'Homme. Europäische Zeitschrift für Feministische Geschichtswissenschaft 18 (1), S. 1–17.

Lutz, H. (2018): Die Hinterbühne der Care-Arbeit. Transnationale Perspektiven auf Care-Migration im geteilten Europa. Weinheim.

Meireis, T. (1996): »Arbeit macht das Leben süß ...«. Das »Recht auf Arbeit« – eine reformatorische Herausforderung? In: Becker, J./Bol, G./Christ, T./Wallacher, J. (Hg.): Ethik in der Wirtschaft. Chancen verantwortlichen Handelns. Stuttgart, S. 158–176.

Mergner, U. (2011): Seien wir SAGE! Wie kann die gesellschaftliche Anerkennung der Disziplinen und Professionen im Bereich der »sozialen Dienstleistungen« erhöht werden? In: Bayerische Sozialnachrichten. Mitteilungen der Landesarbeitsgemeinschaft der öffentlichen und freien Wohlfahrtspflege in Bayern (4), S. 3–9.

Noetzel, T. (2019): Grundrecht auf Pflege? In: Aus Politik und Zeitgeschichte (33–34), S. 12–17.

Pflege zu Hause (2017): Trautes Heim, da will ich sein. Die besten Vermittler für Betreuungskräfte aus Osteuropa. In: test – Stiftung Warentest (5), S. 86–95.

Praetorius, I. (1997): Ökonomie denken jenseits der androzentrischen Ordnung. In: Internationaler Verband für Hauswirtschaft (Hg.): Europa: Herausforderungen für die Alltagsbewältigung. Hauswirtschaft als Basis für soziale Veränderungen. Tagungsband. Wien, S. 251–260.

Rawls, J. (1975): Eine Theorie der Gerechtigkeit. Frankfurt a. M.

Rawls, J. (2003): Gerechtigkeit als Fairneß. Ein Neuentwurf. Frankfurt a. M.

Reich, R. B. (1993): Die neue Weltwirtschaft. Das Ende der nationalen Ökonomie. Frankfurt a. M./Berlin.

Rossow, V./Leiber, S. (2017): Zwischen Vermarktlichung und Europäisierung. Die wachsende Bedeutung transnational agierender Vermittlungsagenturen in der häuslichen Pflege in Deutschland. In: Sozialer Fortschritt 66 (3/4), S. 285–302.

Rossow, V./Leiber, S. (2019): Entwicklungen auf dem Markt für »24-Stunden-Pflege«. In: Aus Politik und Zeitgeschichte (33/34), S. 37–42.

Satola, A. (2015): Migration und irreguläre Pflegearbeit in Deutschland. Eine biographische Skizze. Stuttgart.

Schaber, P. (2012): Menschenwürde. Stuttgart.

Schaber, P. (2013): Instrumentalisierung und Würde, 2. Auflage. Münster.

Schnabl, C. (2005): Gerecht sorgen. Grundlagen einer sozialethischen Theorie der Fürsorge. Freiburg i. Br.

Schneekloth, U./Geiss, S./Pupeter, M./Rothgang, H./Kalwitzki, T./Müller, R. (2017): Abschlussbericht: Studie zur Wirkung des Pflege-Neuausrichtungs-Gesetzes (PNG) und des ersten Pflegestärkungsgesetzes (PSG I) im Auftrag des Bundesministeriums für Gesundheit. München.

Skolka, J. (1990): Eigenleistungen, Zeit und Unabhängigkeit. In: Heinze, R. G./Offe, C. (Hg.): Formen der Eigenarbeit. Theorie, Empirie, Vorschläge. Wiesbaden, S. 53–73.

Spieß, C. (2008): Gerechtigkeit und Humanität. Martha Nussbaums feministischer Liberalismus und die christliche Sozialethik. In: Spieß, C./Winkler, K. (Hg.): Feministische Ethik und christliche Sozialethik. Berlin, S. 307–345.

Statistisches Bundesamt (2003–2018): Pflegestatistik. Pflege im Rahmen der Pflegeversicherung – Deutschlandergebnisse. Wiesbaden.

Statistisches Bundesamt (2017): Pflegestatistik 2015. Pflege im Rahmen der Pflegeversicherung – Deutschlandergebnisse. Wiesbaden.

Statistisches Bundesamt (2018): Pflegestatistik 2017. Pflege im Rahmen der Pflegeversicherung – Deutschlandergebnisse. Wiesbaden.

Ver.di (Hg.) (2013): Arbeitsethos hoch – Arbeitshetze massiv – Bezahlung völlig unangemessen. Beschäftigte in Pflegeberufen – So beurteilen sie ihre Arbeitsbedingungen. Ergebnisse einer Sonderauswertung der bundesweiten Repräsentativumfrage zum DGB-Index Gute Arbeit 2012. Berlin.

Zweiter Gleichstellungsbericht (2017): Zweiter Gleichstellungsbericht der Bundesregierung. Dt. Bundestag/Drucksache 18/12840/21.06.2017.

Erfahrungen eines pflegenden Angehörigen
Fritz Schmid

»Die Polin hat von allen Reizen die exquisitesten vereint. Womit die andern einzeln geizen, bei ihr als ein Bukett erscheint.« (Bettelstundent, Carl Millöcker) – die frühkindliche Radiobeschallung in den 1950er-Jahren, sie wirkt immer noch nach, bei Operettentexten, da macht mir so schnell keiner etwas vor, der Text sitzt bis heute in meinem 67. Lebensjahr. Willkommen bei den Schmids, meinen Eltern, beide über 90 Jahre alt und seit über 70 Jahren verheiratet und mir, dem einzigen Sohn. Nennen Sie mich Fritz. Wir leben in einem großen Haus. Meine Eltern im Erdgeschoss, ich im ausgebauten Dachgeschoss, zwei komplett separate Haushalte.

In den letzten Jahren sind unter dem Mantra »das macht Fritz« meine Aufgaben immer mehr geworden, das Kümmern um das Gebäude, Putzen und Instandhaltung, der Garten, das Familiengrab, administrative und finanzielle Angelegenheiten, die Fahrbereitschaft und bei mir als Arzt fällt natürlich eine medizinische Luxusversorgung für meine Eltern in mein Ressort und ist erwartete Selbstverständlichkeit.

Dann, eine größere Operation bei meiner Mutter – es ist davon auszugehen, dass das Pensum »das macht Fritz« deutlich weiter anwachsen wird. Noch arbeite ich in Teilzeit, die Rente ist in Sicht. Mein Leben, vier Jahrzehnte nach Dienstplan, und nun die Fortsetzung in Rufbereitschaft 365 Tage im Jahr? So hatte ich mir das nicht vorgestellt. Wie kann es weitergehen?

Meine für ihr Alter sehr fitten Eltern aus ihrer vertrauten Umgebung vertreiben? Kein Schwatz mit dem Nachbarn, keine Einbindung ins soziale Dorfleben, die benutzte Wohnfläche auf 20 % verkleinert, keine Option, dass jeder das Fernsehprogramm, das ihn interessiert, in der Liegeposition, die er schätzt, und in der Lautstärke, die er braucht, ansehen kann? Mein Vater ohne seine Werkstatt, seinen Garten, auf Bücher und Kreuzworträtsel reduziert? Meine Mutter mit der minimalen Kleiderschrankkapazität eines Altenheims? Keine kleinen struktur- und zufriedenheitschaffenden Alltagsaufgaben mehr, undenkbar!

Ein Pflegedienst? Die Leistungen, die da im Angebot sind, Hilfe beim Waschen, bei der Toilette, Medikamente eingeben … das alles brauchen meine Eltern glücklicherweise nicht. Es geht darum, ein bisher selbstständig geführtes Leben und einen weitgehend selbstständig geführten Haushalt beizubehalten, das soll weiterlaufen und das soll auch dann weiterlaufen, wenn ich einmal für zwei Wochen im Urlaub bin.

Die Putzfrau, einmal in der Woche, ja gerne, wie bisher, aber eine weitere Steigerung ist nicht drin.

Eine Polin? Sie wäre immer im Haus. Wir haben genügend Platz, ihr einen eigenen Bereich und ein eigenes Badezimmer zu schaffen. Haushaltsnahe Unterstützung, das ist es doch, was meine Eltern und damit auch ich, brauchen.

Ich mache mich kundig.

Mit Staunen muss ich feststellen, wie viele bisher ungesehene Frauen da plötzlich in der näheren Umgebung sichtbar werden. Da gibt es Polinnen, die ein wahrer Glücksgriff sind und sich liebevoll kümmern, gepflegte, topmanikürte Damen, die die Arbeit nicht erfunden haben, Dragoner, die das Regiment übernehmen, Schluckspechte und Langfinger und immer wieder auch viel Lob und jenes »was täten wir ohne sie«.

Ich klappere die Anbieter vor Ort ab. Lerne, dass sich die Bezahlung nach der Sprachkompetenz richtet, dass ein Führerschein extra kostet, dass die Damen keine spezielle Ausbildung haben. Hinter vorgehaltener Hand, und nur mir gegenüber, wird angedeutet, wieviel von dem Geld, das wir bezahlen, tatsächlich bei den Damen ankommt. Dabei wird mir auch versichert, dass dieser Anteil in Polen ein fürstliches Einkommen bedeutet. Mir begegnen Großanbieter (AG), und es braucht nicht viel Lebenserfahrung, um zu wissen, dass ich die aufwendige Hochglanzwerbung, den professionellen Internetauftritt und die Bedürfnisse der Stakeholder mitfinanziere.

Viel eigene Recherche, Empfehlungen von Bekannten, ich entscheide mich für einen Anbieter. Nach dessen Angaben, und nur die habe ich und keine validen Fakten, sei bei ihm der Lohn-Anteil, den die Damen erhalten, besonders hoch und die Verwaltungskosten seien dank einer schlanken Verwaltung und unaufwendiger Werbung per Mundpropaganda im Rahmen.

Der Arbeitsvertrag: Dort ist überraschenderweise eine polnische Firma mein Vertragspartner, die deutsche Agentur taucht überhaupt nicht auf. Die Polin ist, laut Vertrag, nur für eine Person zuständig. Da solle ich mir keine Gedanken machen, solche Dinge werden jeweils untereinander und individuell geregelt, so der Herr der Agentur. 40 Stunden Arbeitszeit pro Woche, für die anfallenden Arbeiten ein sattes Polster, aber wie ist die »Bereitschaft« der Damen zu bewerten? Ein freier Tag pro Woche, auch das können wir gut einrichten. 14 Tage Kündigungsfrist, die Arbeit kann unterbrochen werden, falls meine Eltern in stationäre Behandlung müssten, kurzfristiger Ersatz, falls die polnische Hilfskraft ausfällt, der Wechsel jeweils nach 8 Wochen Einsatz. Idealerweise ein Tandem von zwei Hilfskräften, die sich immer wieder ablösen. Bezahlung, Steuern, Krankenversicherung etc., das scheint korrekt zu sein und vor allem, damit habe ich keine zusätzliche Arbeit, uns wird die Hilfe taggenau in Rechnung gestellt.

Meine Eltern sind einverstanden.

Während dieser Informationsphase plagt mich zunehmend mein Gewissen. Ich habe es über Jahrzehnte am eigenen Leib gespürt, Rufbereitschaft im Dienstzimmer, das ist kein freies, selbstbestimmtes Leben und in der Klinik haben wir die Diensteinsätze über Tage aus gutem Grund hinter uns gelassen.

Aus der eigenen, sozialen Welt herausgerissen, mit den eingeschränkten kommunikativen Möglichkeiten in einer Fremdsprache, in ständiger Abrufbereitschaft, darf ich das abverlangen, annehmen, die materielle Not der Frauen ausnützen? Bin ich ein Sklavenhalter? Ich brauche Beschwichtigungsstrategien. Eine Unterbringung, so schön wie möglich, eine Einbindung ins Familienleben.

In Hongkong hatte ich den sonntäglichen Chatergarden der philippinischen Hausmädchen erlebt. Ich greife zum Telefon, katholische Erwachsenenbildung, und rege einen Stammtisch für polnische Pflegekräfte an. Freunde meiner Eltern »haben seit drei Jahren eine Polin«. Sie ist mittlerweile gut in Deutschland angekommen und wird »unserer Polin« in der ungewohnten Welt beistehen – und schon bin ich wieder in der Sklavenhaltersprache angekommen.

Die gute Unterbringung: Der Kellerraum, den einst meine Oma bewohnte, ist über die Jahre zum Warenlager verkommen. Acht arbeitsintensive Wochen, entrümpeln, ein neuer Boden, veränderte Elektroinstallationen, frische Tapeten, neue Möbel, Leuchten und Gardinen, Schlafbereich, Sitzecke, Schreibtisch, Telefon und ein kleiner Esstisch, dazu ein einheitliches Gesamtkonzept bei den Farben und den Dekorationselementen. Das Zimmer kann sich sehen lassen. 26 Quadratmeter, zwar im Keller, dadurch aber auch separat vom elterlichen Wohnbereich und mit einem großen Fenster direkt in den Garten.

Die Waschküche mausert sich zu einem schicken Badezimmer, Toilette, ein neues Becken mit breitem Spiegelschrank, eine bequeme Dusche, nur die Waschmaschine bleibt vor Ort, aber das ist sicher so in vielen Badezimmern. Nach der Plackerei tut es mir richtig gut, als die Dame von der Vermittlungsagentur bei der Begehung konstatiert, das sei die schönste Unterbringung, die sie je für eine polnische Hilfskraft gesehen hat.

Noch ein klassisches Wörterbuch Deutsch-Polnisch/Polnisch-Deutsch für meine Eltern, ich lade mir die entsprechenden Übersetzungshilfen auf den Computer und das Smartphone, das polnische »herzlich willkommen« (Serdecznie witamy!) erscheint mir auch nach dem x-ten Hören zu zungenbrecherisch und so mache ich einen Ausdruck und platziere ihn neben Mineralwasser, frischem Obst, Näschereien und Blumen im Zimmer – Karolina kann kommen.

Karolina – so steht es im Dossier, Jahrgang 1977, verheiratet, Mittelschulbildung, 160 cm, 54 kg, Nichtraucherin, kein Führerschein, kommunikative Sprachkenntnisse (das liegt zwischen befriedigend und gut), das Passbild einer netten jungen Frau und wieder schwinge ich zwischen Thai-Frau aus dem Katalog und Menschenhandel.

Meine Eltern halten Mittagsschlaf, als der Kleinbus vorfährt und so kann ich Karolina allein empfangen. Unsicherheit, ein zaghaftes Lächeln, das Versorgen des Gepäcks hilft über die gefühlte Sprachlosigkeit hinweg. Das alles unter den taxierenden Blicken der Mitreisenden, die den Stopp für eine Raucherpause nutzen. Was verrät das Haus, der Garten, mein Auftreten? Was erwartet sie wohl hinter den Mauern?

Mich beschleicht ein beklemmendes Gefühl, wie früher bei den Grenzkontrollen an der Zonengrenze. Im Haus zeige ich Karolina ihren Bereich und schlage vor, dass sie sich zunächst ein wenig frisch machen kann nach der achtstündigen Fahrt, ehe ich sie mit den Eltern bekannt mache. War es ein kleines Lächeln, als sie ihr Zimmer sah?

Wir trinken zusammen Kaffee. Papa herzlich, offen, menschenfreundlich wie immer, Mama verhaltener, sie fragt, will Informationen und Karolina kommt schnell an die Grenzen ihres Sprachverständnisses und ihres Wortschatzes. »Die Frauen brauchen immer ein paar Tage, ehe sie wieder in der fremden Sprache angekommen sind« – höre ich im Geiste nochmals die Dame von der Agentur. Wikipedia hilft über diesen Moment, ein Artikel über Karolinas Herkunftsort. Auf der Luftaufnahme wandern die Finger, »mein Haus«, »Mama Haus«, sie zeigt ein Handybild von Mann und erwachsenem Sohn, »Mama kochen und waschen für Männer«. Ich erschrecke im Stillen, bei meinen Eltern ist das immer noch Schlesien, die Menschen sind immer noch arm, hinter dem Eisernen Vorhang und die Gedanken an die vielen Weihnachtspakete mit Kokosraspeln und Kaffee kommen bei ihnen hoch, denn auch mein Vater stammt aus Schlesien.

Mama macht eine Hausführung und schildert den sehr geregelten Tagesrhythmus. Karolina soll um 8 Uhr zum Frühstück kommen, danach Hausarbeit. Das zeitige Mittagessen gibt es um 11:30 Uhr. Wenn die Küche aufgeräumt ist, ist Mittagspause für alle. Um 14:30 beginnt mit einem Kaffee der Nachmittag und diese Einsatzphase endet um 18:30 nach dem Abendbrot. Meine Eltern sind auf ständige Betreuung nicht angewiesen und empfinden Karolinas Anwesenheit auch als Beobachtung und als Aufforderung zu anstrengender Kommunikation. Daher bieten sie ihr immer wieder Freiräume für Spaziergänge, einen Einkaufsbummel oder Ähnliches an. Karolina bevorzugt wohl den Rückzug in ihr Zimmer. Mit den polnischsprachigen Frauenzeitschriften vom Bahnhofskiosk gelingt mir in diesen Tagen ein Überraschungserfolg.

Die Mahlzeiten meiner Eltern sind sehr bescheiden und Karolina bemüht sich eifrig, den Anweisungen meiner Mutter nachzukommen. Eigeninitiative oder einen Vorschlag aus der polnischen Küche entwickelt sie dabei nie. Ist sie zu schüchtern? Eine deutschsprachige Kochanweisung wie etwa: 250 ml Wasser, den Packungsinhalt einrühren und 10 Minuten quellen lassen, das übersteigt die Sprach- und Verständniskompetenz.

In diesen Tagen nehme ich mich sehr zurück, bin beobachtend, denn es sind meine Eltern, die mit der Betreuerin zurechtkommen müssen. Papa genießt es offensichtlich, statt am Stock oder mit Rollator am Arm der jungen, hübschen Frau zu gehen. Beim Einkaufen fungiere ich nur als Träger und Fahrer. Es gefällt mir, zu sehen, wie Karolina als Erstes immer um die Sicherheit und das Wohlergehen meines Vaters bedacht ist, und wie liebevoll und selbstverständlich sie das macht. Meine Mutter braucht diese Form der Unterstützung glücklicherweise noch nicht.

Es wächst langsam zusammen. Karolina ist dabei immer freundlich, leise, zurückhaltend. Ein Auftauen, ein radebrechendes Erzählen von ihrer Seite, das vermissen sowohl meine Eltern wie auch ich. Nur wenn Karolina telefoniert, dann wird sie temperamentvoll, dann sprudeln die Sätze und ihre Lautstärke nimmt hörbar zu.

Ich weiß, eine Betreuungskraft hat keine spezielle Qualifikation oder Ausbildung. Man hatte mich vor militanten, sofort das Regiment im Hause übernehmenden Dragonern gewarnt, von daher hatte mir das zurückhaltende Wesen von Karolina zunächst sehr gut gefallen. Aufgetragene Arbeiten hat sie sofort erledigt, allerdings immer nur aufgetragene.

Eine Haushaltsführung besteht aber auch aus den vielen, nahezu ungesehenen kleine Handgriffen, die Fluse auf dem Mantel, Staub auf einer Ablage, Gebrauchsspuren und Schokoladenreste auf der Fernbedienung, die meine Eltern nicht mehr sehen, eine durstige Zimmerpflanze. Sieht sie es nicht? – Traut sie sich nicht? – Wie hat sie in Polen ihren Haushalt erledigt? Fragen, die für immer Fragen bleiben werden. Eigeninitiative, insbesondere Eigeninitiative in einer außergewöhnlichen Situation, ich kam immer mehr zu der Überzeugung, das von Karolina nicht erwarten zu können.

Ostern, gemeinsam mit Karolina, besuchen wir unsere polnische Verwandtschaft. Meine angeheiratete Cousine ist gebürtige Polin, etwa im Alter von Karolina. Bei der Hinfahrt freue ich mich bereits für Karolina, jetzt kann sie sich endlich einmal in ihrer Muttersprache und von Frau zu Frau aussprechen, aber auch dort, sie bleibt sehr zurückhaltend. Es gibt Agenturen, die einen Übersetzungsservice vorhalten, wenn es mit Wörterbuch, Google, Händen und Füßen nicht klappt, wir konnten da immer auf unsere Verwandtschaft zurückgreifen. Mir ist in diesen Tagen bewusst geworden, wie weit ein Sprachverständnis, das ein touristisches Zurechtkommen in einem anderen Land ermöglicht, vom Alltagsleben in einer Familie entfernt ist.

Während meine Mutter mit Karolina am Alltagsablauf arbeitet – sie versucht ihr jeden Tag ein paar neue Worte beizubringen – und ich das zarte Pflänzlein Vertrauen langsam gedeihen sehe, läuft im Hintergrund bereits per Telefon und E-Mail die Suche nach der Polin Nummer 2, »dem Tandem«.

Für die Auswahl einer geeigneten Dame hatten wir schon zu Beginn mit der Vermittlungsagentur einen Fragebogen ausgefüllt, in dem Aufgaben, unsere Erwartungen, Wünsche und No-Gos erfasst wurden und da war es schon wieder, dieses Menschenhandelsgefühl. Bin ich da nur so komisch? Vielleicht weil ich selbst noch nie »geparshipt« habe, das ist doch angesagt.

Bei dieser Suche erlebe ich, wie die Dame und der Herr von »unserer« Agentur auch allenfalls als Zwischenhändler und Dolmetscher fungieren und die angebotenen und empfohlenen Hilfskräfte nicht persönlich kennen. Mir gegenüber werden mehrere Namen genannt, da herrscht wohl auch aufseiten der Agentur viel Unsicherheit, wer kommt oder vielleicht doch nicht.

Die Entscheidung ist gefallen, Irina steht vor der Tür und es gibt einen Übergabetag, an dem Polin 1 Polin 2 einarbeitet. Zuvor ist Karolina zu Höchstform aufgelaufen, Küche, Wohnung der Eltern und vor allem der eigene Wohnbereich sind perfekt geputzt, kein schmutziges Wäschestück mehr.

Ich musste noch einen Bewertungsbogen für Karolina erstellen, den sie wohl nach dem Einsatz in Polen bei der Firma vorlegen muss. Da gibt es Schulnoten von 1–5 für folgende Einsatzbereiche:
- Grundversorgung der Betreuten (Hygiene, Körperpflege, Ankleiden)
- Fachkompetenz im Bereich der Hauswirtschaft

- Fähigkeiten zur sprachlichen Kommunikation
- Das Zwischenmenschliche, die Frage, ob wir die Betreuungskraft weiterempfehlen würden, sowie ein Freitextfeld runden die Bewertung ab.

Die Verabschiedung ist herzlich und wir freuen uns auf das Wiedersehen mit Karolina. Was da in nur acht Wochen an Vertrautheit entstanden ist.

Irina, deutlich älter, eine gestandene Frau, Oma von zwei Enkeln und mit weit mehr Einsatzerfahrung als Karolina, zieht bei uns ein und es beginnt das nun schon etwas vertrautere Einarbeitungs- und Kennenlernritual. Sprachlich ist es ähnlich schwierig wie bei Karolina, denn, so schildert es Irina, die Menschen, um die sie sich bisher in Deutschland gekümmert hatte, waren alle sprachlich beeinträchtigt. Sie nennt Demenz und Schlaganfall als Ursachen. Dasein und Aufpassen, das war bisher ihr Aufgabenschwerpunkt. Bei Irina gibt es nun – immer noch selten, aber immerhin – von der polnischen Küche inspirierte Gerichte. Sie ruht mehr in sich, hat ein geerdetes Selbstvertrauen und viel körperliche Kraft und wirkt nicht so eingeschüchtert und zerbrechlich wie Karolina. Mich erinnert sie in ihrem Verhalten und in ihrer Körpersprache an einen speziellen Typus von Krankenschwestern, jenen Urgesteinen, die so als Fels in der Brandung des Stationsalltags stehen, und so geht sie auch mit meinem Vater um, zuverlässig und zupackend.

Mitte Mai, das Wetter passt, wir grillen im Garten mit Verwandten, Freunden und Nachbarn, denn es gilt Papas 97. Geburtstag gebührend zu feiern. Viele Telefonate mit Glückwünschen unterbrechen den Tag, so auch Karolina aus Polen. Papa freut sich sehr, dass sie an ihn gedacht hat. Unsere polnischen Verwandten plaudern noch eine Weile weiter mit Karolina. Papa will ich heute, an seinem Ehrentag nicht enttäuschen, Karolina wird nicht wieder zu uns kommen. Ihr Mann toleriert nicht, dass er zu Hause von der Schwiegermutter bekocht und versorgt wird, während sie so lange in Deutschland ist. Er hat mit Scheidung gedroht.

Ich bin enttäuscht. Das zelebrierte Willkommen, die Einarbeitung, der Aufbau eines zuträglichen Miteinanders, meine Bemühungen, Karolina das Leben bei uns so angenehm wie möglich zu machen, sie ein wenig in Deutschland ankommen zu lassen – alles umsonst. Wie werde ich das meinen Eltern beibringen?

Ich bin verärgert. Warum erfahre ich das so nebenbei von Karolina und nicht von der Agentur? Warum haben die nicht im Vorfeld abgecheckt, dass hier ein längerfristiger Einsatz möglich ist?

Im Vordergrund die gute Miene zur Geburtstagsparty, im Hintergrund viele bohrende Fragen und Überlegungen, auch Selbstmitleid und Frust, weil wieder ein Versuch gescheitert ist, mit der Versorgung der Eltern in ruhigeres Fahrwasser zu kommen.

Beherzt in der Stimmlage und beherrscht in der Wortwahl kommuniziere ich meinen Ärger an den Herrn der Agentur. Der spricht beredt an mir vorbei, von seinen privaten Nöten. Die kann ich verstehen, aber darf ich bei so viel Geld nicht einfach Professionalität erwarten? Muss ich wirklich immer der Verstehende, Ausgleichende, Sorgende, die eigenen Interessen Hintanstellende sein? Wenigstens hat er ein schlechtes Gewissen und versucht für Anlauf Nummer 3 alles zu toppen.

Business as usual im Vordergrund. Im Hintergrund sind wir wieder auf Menschensuche. In meinem Fatalismus macht es mir da fast nichts mehr aus, zu erfahren, Irina hält sich nach den wenigen Wochen bei uns für höher qualifiziert und will eine Erhöhung des Gehalts um 200 €. Das lehne ich ab.

»Herr Schmid, ich hab sie, ich hab sie, eine wahrhafte Perle und nur für Sie«, so kündigt der Herr von der Agentur Marta an. Es sprudelt nur so aus ihm heraus, Einsatzerfahrung, beste Bewertungen, er schickt mir das ausführliche, wirklich hervorragende Bewertungsschreiben von einem früheren Einsatz hier in Deutschland und das Beste zum Schluss, Marta ist in Polen nicht gebunden. Sie möchte gerne längere Phasen in Deutschland arbeiten und will nur wenige Wochen im Jahr im Polen verbringen. Darf ich das glauben, wieder hoffen, nur *eine* Person, kein Tandem, keine Wechsel, keine Fahrtkosten, jemand Festes, eine Dame, so steht es im Zeugnis, die umsichtig, vorausschauend und selbstständig agieren kann. Ihre Urlaubsintervalle, die kann ich, wenigstens aktuell, sicher noch allein überbrücken.

Herzklopfen, gespannte Erwartung, ja, freilich ja, jederzeit, auch wenn ich Marta nur noch drei Tage persönlich bei uns einarbeiten kann, denn dann möchte ich in einen lange gebuchten Urlaub verreisen. Mit Freunden, Nachbarschaft und Verwandtschaft, diesmal, es muss einfach klappen.

Marta, Jahrgang 1962, Hochschulbildung, alleinerziehende Mutter einer aktuell studierenden Tochter. Dafür braucht sie das in Deutschland verdiente Geld. Der Nachname klingt Deutsch und es wird sich herausstellen, dass sie einen schlesischen Großvater hat.

Meine Eltern teilen meinen Höhenflug nicht. Wieder ganz von vorne, ein neuer Mensch, Tagesplan, Lebensgewohnheiten, Küche und Einkauf, meine Mutter ist erschöpft, soviel vergeblich investierte Liebesmüh, sie begegnet Marta deutlich verhaltener als den beiden Vorgängerinnen. Und doch, sie fördert ihr altes Schulenglisch wieder zu Tage, denn das ist ein Weg, mit Marta zu kommunizieren, wenn es auf Deutsch klemmt.

Zwei Wochen Urlaub, keine Katastrophenmeldung von zu Hause. Ganz weit weg, wenigstens im Kopf, denn, wie seit Jahren, auch dieser Urlaub war selbstverständlich so geplant, dass ich jederzeit innerhalb von 24 Stunden zu Hause sein könnte.

Nach meiner Rückkehr lerne ich Marta näher kennen. Aus ihrem Hochschulstudium ist wohl nie ein Beruf geworden, sie war als Verwaltungsangestellte tätig.

Ihre vielseitigen Interessen beeindrucken mich. Ich kann gut damit leben, dass sie die Versorgungsarbeit bei den Eltern korrekt und sehr zügig abwickelt, um dann Ihr eigenes Leben zu gestalten. Bei ihr habe ich das Gefühl, sie will hier bei uns in Deutschland ankommen, sich heimisch fühlen, und Polen ist weit weg, wenn man einmal vom täglichen Telefonat mit der Tochter absieht.

Erstmals verstummt dieser Sklavenhalterteufel bei mir komplett. Sie erobert unseren Ort, geht zum Windowshopping, bringt sich Prospekte von der Tourismusinformation mit. Kein Tag vergeht ohne Spaziergang oder Joggingrunde und auch meinen Eltern sind die Freiräume, nicht von »einer Fremden« beobachtet oder umsorgt zu sein, recht angenehm.

Es fühlt sich rundum gut an. Marta treibt Sport, Marta malt, Marta bedient sich aus meiner CD-Sammlung und Aida schallt durchs ganze Haus. Ob sie meine Leidenschaft für die Oper teile? Nein, aber es ist neu und spannend für sie. Um was es in den Werken geht, recherchiert sie im Internet und wenige Wochen später gehe ich mit ihr, für Marta ist es das erste Mal, in ein richtiges Opernhaus, Verdi, sie strahlt und ich bin glücklich.

Jemandem, der so vielseitig interessiert ist, die nähere Umgebung zu zeigen, das macht mir Spaß und Martas Herangehensweise, da sind wir auf einer Wellenlänge. Ich sage ihr bereits Tage vorher, wo es hingehen wird, sie bekommt von mir dazu Reiseführer und Informationsmaterial auf Deutsch, und sitzt dann und übersetzt sich Passagen, schlägt Worte nach, fragt, gewinnt täglich an Sprachkompetenz. Bei mir wächst das Vertrauen, im Fall der Fälle, bei meiner Abwesenheit, Marta, ja, die würde auch dann überlegt und sinnvoll handeln, auf die kann ich mich verlassen. Bei Stadterkundungen zieht Marta inzwischen gerne allein los und ist pünktlich und zuverlässig wieder am vereinbarten Treffpunkt. Bilder und WhatsApp-Nachrichten halten die Tochter dabei auf dem Laufenden.

Marta kann lachen, und wie! Missverständnisse, kleine Unpässlichkeiten, sie lacht darüber, lacht sie weg und steckt meine Eltern und mich damit regelrecht an.

Ich entspanne mich langsam, fühle Unterstützung und aufkommende Sicherheit, während meine Mutter die wenige tatsächliche Versorgungsleistung und die in Relation dazu »viel zu hohen« Kosten sieht. So freue ich mich auf Martas ersten Polenurlaub. In den zwei Wochen wird sie merken, wie viel kleine Handgriffe und Handreichungen über den Tag verteilt neben den Mahlzeiten, dem Putzen und der Wäsche jetzt noch anfallen, und vielleicht weiß sie hinterher Martas Einsatz doch mehr zu schätzen.

Die Termine sind verlässlich geplant und so klappt es wie am Schnürchen, Marta kommt aus Polen zurück und zwei Tage später fahre ich sehr beruhigt in Urlaub. Die Eltern sind versorgt, Marta kümmert sich.

Alle zwei Tage melde ich mich aus dem Urlaub bei meinen Eltern und frage nach. Für mich unfassbar und aufwühlend berichtet meine Mutter, dass da eine ganz andere Marta aus Polen zurückgekommen sei. Arbeiten, die sie bisher selbstverständlich erledigt hat, kommentiert sie plötzlich mit einem »nicht meine Aufgabe«, macht auf dem Absatz kehrt und lässt meine Eltern stehen. Sie spult ein Minimalprogramm zu den Mahlzeiten ab und ist sonst in ihrem Zimmer oder beim Sport. Es habe Streit gegeben und mein Vater ist laut geworden. Es muss Jahrzehnte her sein, dass dieser friedfertige und friedliebende Herr laut geworden ist – so schlimm?

Im Rahmen des Streits rechnet meine Mutter Marta deren wenige, real arbeitende Stunden in Relation zu der hohen Summe, die wir jeden Monat nach Polen überweisen, vor und wirft ihr Faulheit vor.

»Hallo Fritz. Ich habe Problem. Deine Mama und Papa wollen, dass ich alle Fenster im Keller putzen, Wohnung ja, Keller nein. Deine Mutter will, dass ich Äpfel zu Mousse auflese … Deine Mama hat mir gesagt, dass ich nicht arbeite und dass Sie keine Hilfe haben.« So die SMS auf meinem Handydisplay. Ich sitze zwischen allen Stühlen. Was war der Auslöser, meine von Anfang an mit dem »System Polin« hadernde Mutter oder Marta? Eine Einschätzung meiner polnischen Cousine poppt bei mir auf: »Täusche dich nicht, das ist keine Frau für sorgende Betreuungsarbeiten.« Die Urlaubsstimmung ist im Eimer, Krisenmanagement ist angesagt. Weiber!

Aus der Ferne bemühe ich mich, den Herrn von der Agentur und meine polnisch sprechende Verwandtschaft als Vermittler*innen zu gewinnen. Warten, Blicke auf das Smartphone, von wegen Meer und Strand, ein Auf- und Abtigern in der Enge des Feriendomizils und mal wieder dräuende Wie-geht-es-weiter-Fragen. Von zu Hause höre ich ein »es geht so«. Mein Cousin berichtet mir, Marta habe ihm gesagt, sie habe in Polen gekündigt – ich kann es nicht fassen.

Wieder zu Hause erlebe ich die unterkühlte, gedrückte Stimmung. Von Marta kein Wort zu ihrer Kündigung. Vielleicht war es ja nur im Affekt so dahingesagt. Allerdings meine Urlaubsmitbringsel stellt sie kommentarlos zurück – Annahme verweigert. Was ist wirklich vorgefallen?

Ich plane eine große Aussprache zum Thema »nicht meine Aufgabe«. Das muss sich doch kitten lassen. Ein neutraler, nicht aus der Familie kommender Dolmetscher und erfahrener Mediator wird mir dabei helfen. Auch bei der Agentur weiß man nichts von einer Kündigung und bestärkt mich, den Weg der Aussöhnung zu gehen. Oft sind es ja kleine Ursachen, die so große Wirkung nach sich ziehen.

Diese Aussprache, sie platzt, denn Marta hat tatsächlich gekündigt! Wenige Tage bevor sie geht, rückt sie auch mir gegenüber mit ihrer Kündigung heraus.

Warum, warum kündigt Marta, wo es doch so gut begonnen hatte? Sie schien anzukommen. Meine vielen Stunden, die ich gerne in ihr Wohlfühlen investiert hatte. Wir sammeln Puzzlesteine, Nebensätze, Andeutungen und kommen letztlich zu dem Schluss: Der Urlaub in Polen – das geplante Wandern mit Freunden, daraus ist wohl mehr geworden, Marta hat sich verliebt und will nur noch zurück, so schnell wie möglich zu ihm zurück. Leider ist sie uns da nicht ehrlich begegnet, sondern hat mit großem Theater und sehr aufregend und belastend für meine Eltern und auch mich ihre Kündigungsfarce durchgezogen.

Bei Ken Follett habe ich es abgeschaut und will mich wirklich nicht mit ihm messen.

Marta ist, begleitet von meinen stillen Flüchen, lange abgereist.

Polin Nummer 4, so der Vorschlag der Agentur – »nicht mit mir!«, so meine Mutter.

Das polnische Zimmer ist ungenutzt. Wir beschäftigen Haushaltshilfe Nummer 2, deutschsprachig. Sie wohnt nicht bei uns im Hause, kommt mit dem eigenen Auto und vereinbart ihre Anwesenheit je nach wechselseitigen Bedürfnissen mit meinen Eltern und mir. Sie bekommt ein fixes Monatshonorar und das Personalmanagement (Stundenabrechnung, Versicherungen, Rente etc.) erledigt ein Steuerberater für uns.

Ich konnte zwei weitere Urlaubsreisen antreten und habe gelernt, jeden einzelnen Tag ohne besondere Ereignisse zu schätzen.

»Das macht Fritz«, es wird mir bleiben und vielleicht bin ich ja eines Tages auch stolz, glücklich und zufrieden, dass Fritz es gemacht hat, wer weiß!?

Grauer Pflegemarkt – gesellschaftliche Herausforderungen

Barbara Städtler-Mach

Die Normalität der Versorgung durch osteuropäische Frauen im deutschen Privathaushalt

Die – wie auch immer benannten – Frauen, die aus Polen und anderen mittel- und osteuropäischen Staaten kommend in deutschen Haushalten alte Menschen versorgen und pflegen, sind in der Versorgungslandschaft Deutschlands zu einer Normalität geworden. Diese Versorgungsform ist flächendeckend vorhanden und ihr Vorkommen ist im öffentlichen Leben hinreichend bekannt. Ein Indiz dafür sind persönliche Erzählungen von Menschen, die damit Erfahrung haben, sowie Berichte von Bekannten oder Freunden, die sich im Hinblick auf die Notwendigkeit einer häuslichen Unterstützung damit auseinandersetzen.

Selbstverständlich ist sie auch Gegenstand zahlreicher wissenschaftlicher und allgemein verständlicher Fachpublikationen. Darüber hinaus gibt es ein Indiz für die Normalität: Mittlerweile ist diese Unterstützungsform bereits Bestandteil belletristischer Literatur, in der die Situation mit dieser Versorgungsform als scheinbar selbstverständliche Betreuung alter Menschen erzählt wird.

Exemplarisch seien hier zwei Beispiele angeführt: Bereits 2011 schildert Arno Geiger in »Der alte König in seinem Exil« die Unterstützung seines an Demenz erkrankten Vaters durch Frauen aus der Slowakei (Geiger 2011). Im Zusammenhang mit der Erzählung einer Pflegebedürftigkeit ist das Vorkommen dieser Unterstützung möglicherweise noch nicht allzu überraschend (wobei die gesetzliche Regelung in Österreich sich deutlich von der deutschen unterscheidet).

In dem Roman »Gehen, ging, gegangen« von Jenny Erpenbeck, dessen Thema ein ganz anderes ist – die schwierige Situation geflüchteter Afrikaner in Berlin –, erscheint die wie selbstverständlich genannte Pflege durch eine Frau aus Polen im Privathaushalt dagegen als Facette des allgemein üblichen Lebens (Erpenbeck 2015).

Diese Normalität weist auf eine Art Selbstverständlichkeit hin, mit der die Versorgungsform genutzt und infolgedessen auch immer wieder angeboten wird. Angehörige von Pflegebedürftigen greifen darauf zurück, ohne sich in der Regel mit den gesetzlichen oder pflegewissenschaftlichen Rahmenbedingungen auseinanderzusetzen. Weil im Bekanntenkreis oder in der Nachbarschaft das Leben mit »der Polin« ganz gut läuft, liegt es nahe, für die eigenen alten Familienmitglieder eine ebensolche Versorgung zu arrangieren.

Diese zur Normalität gewordene Realität betonen Rossow und Leiber auch in ihrem Beitrag im 2019 erschienen Themenheft »Pflege« der Zeitschrift »Aus Politik und Zeitgeschichte«, einem Publikationsorgan, das bundesweit elektronisch und in gedruckter Form kostenfrei zugänglich ist und damit einen hohen Verbreitungsgrad erreicht:

»Mittlerweile hat sich der ehemalige Schwarzmarkt deutlich erweitert und zu einem gewissen Grad formalisiert. […] Implizit haben sich die MigrantInnen neben den sorgenden Angehörigen, ambulanten und stationären Diensten zu einer tragenden Säule der pflegerischen Versorgung (in einem weiten Begriffsverständnis von Pflege) entwickelt.« (Rossow/Leiber 2019, S. 37)

Dass alte pflegebedürftige Menschen von einem ambulanten Pflegedienst versorgt oder in einer stationären Pflegeeinrichtung gepflegt werden, ist seit Langem Realität in Deutschland. Wer alte Angehörige hat oder für sich selbst eine sichere Versorgung sucht, findet eine Fülle von Angeboten stationärer Einrichtungen in ganz unterschiedlicher Trägerschaft wie auch – zumindest in städtischen Bereichen – eine Vielzahl ambulanter Pflegedienste.

Die Versorgung durch eine im Haushalt lebende Frau aus Mittel- oder Osteuropa ist – so lässt sich feststellen – neben diesen beiden – im SGB XI als stationär und ambulant bezeichnete Pflege – zur dritten Versorgungsform geworden.

Die verschiedenen Beiträge in diesem Buch zeigen auf, dass diese Versorgungsform seinerseits sehr verbreitet und teilweise auch konzentriert beforscht ist. Andererseits existiert für diese Versorgungsform in ihren verschiedenen Ausprägungen keine einheitlich realisierbare und vor allem auch für jedermann finanzierbare Regelung. Die als Dienstleisterinnen oder Vermittlung von Dienstleistungen agierenden Agenturen unterscheiden sich in hohem Maße voneinander. Sowohl was die Qualifikation als auch die Art der Vermittlung sogenannter 24-Stunden-Kräfte anbelangt, gibt es gravierende Unterschiede – nicht umsonst wird von offiziellen Pflegediensten und anderen Akteur*innen der Gesundheitsversorgung teilweise sehr zurückhaltend, vielleicht sogar hinter vorgehaltener Hand auf solche Vermittler*innen verwiesen. Qualität der angebotenen Leistung und Integrität der Vertragsabschlüsse variieren stark, ohne dass alle in diesem Geschäftsfeld Beteiligten ausreichend Transparenz – sowohl gegenüber den Frauen, die sie vermitteln, als auch gegenüber den Privathaushalten, in die vermittelt wird – aufbringen.

Auch wenn die Agenturen, die korrekt arbeiten, damit abqualifiziert werden, hat sich für das gesamte Geschäftsfeld der Begriff »Grauer Pflegemarkt« etabliert.

Das bedeutet: Ein wesentlicher Teil sozialstaatlicher Verantwortung – die Pflege und Versorgung alter Menschen – wird in einem der Öffentlichkeit nicht zugänglichen Rahmen erbracht. Nicht nur, dass die einzelne Betreuungskraft nicht in ihrer mehr oder weniger fachlich ausgeführten Arbeit zu bewerten und auch zu kontrollieren ist, auch die Honorierung ihrer Tätigkeit bleibt Bestandteil einer allgemeinen Unklarheit.

Eine Gesellschaft, die sich für die Unterstützung und Pflege ihrer Alten eine solche Versorgungsform »leistet«, steht vor bestimmten Problemen. Die Komplexität dieser Situation ist riesig: Die Herausforderungen werden zum einen durch Mitglieder der Gesellschaft, die sich so verhalten, produziert, zum anderen verhalten sich Menschen so bzw. entscheiden sich für diese Versorgungsform, weil sie keine bessere Alternative zu haben glauben.

Der folgende Beitrag stellt diese Herausforderungen in mehreren Schritten und Perspektiven dar. Zunächst wird die Situation der an diesem Geschehen Beteiligten betrachtet. Die Pflegebedürftigen und ihre Angehörigen, die Betreuungskräfte aus Mittel- und Osteuropa, die professionell Pflegenden und die Akteur*innen der Organisation des Gesundheitswesens stehen nacheinander im Fokus, auch wenn von vornherein klar ist, dass sie zwar einzeln betrachtet werden können, letzten Endes aber in einer unauflöslichen Kohärenz existieren.

Am Ende dieses Beitrags wird deutlich geworden sein, dass der Graue Pflegemarkt nicht als ein gleichsam ungewollter »Wildwuchs« von unkontrollierter Altenpflege entstanden, sondern das Ergebnis einer unzureichenden Struktur für die Versorgung alter Menschen in Deutschland ist.

Perspektiven der Beteiligten

Pflegebedürftige und ihre Familien

Der Ausgangspunkt, sich für eine Betreuungskraft aus dem Ausland zu interessieren, ist in der Regel eine beginnende oder bereits vorhandene Unterstützungs- und Pflegebedürftigkeit eines alten Menschen. Fortschreitende Schwierigkeiten in der Alltagsorganisation, dazu auftretende Krankheiten oder irreversible Alterseinschränkungen, insbesondere Demenz, führen dazu, dass Unsicherheit und sogar Angst vor einer Pflegebedürftigkeit entstehen. Vor allem, wenn Angehörige, die die vorhandenen Defizite wahrnehmen, sich um die Sicherheit ihres alten Familienmitglieds sorgen, ist der Wunsch nach einer »Rundum-Versorgung« präsent. Die Vorstellung, in der Abwesenheit von Kindern oder Enkelkindern könnte dem alten Menschen etwas zustoßen, verunsichert und provoziert die Absicht, eine »Lösung« für die Versorgung zu finden, die allen Sicherheit gewährleistet.

Die Unterbringung in einer stationären Pflegeeinrichtung wird in der Regel nicht gleich in Erwägung gezogen, da sie in der öffentlichen Meinung mit viel Kritik behaftet ist. Demgegenüber ist der Graue Pflegemarkt nicht mit allgemeiner Ablehnung verbunden: Wer im Bekanntenkreis oder in der Nachbarschaft danach fragt, findet immer Beispiele, die das Vorhaben einer solchen Versorgung durch gelungene Beispiele bestätigen.

Vor allen Dingen steht dabei der Wunsch alter Menschen, trotz Angewiesen-Sein auf die Unterstützung anderer das Leben in der eigenen Häuslichkeit verbringen zu können, im Vordergrund. Kinder und Enkelkinder, die diesen Wunsch erfüllen wollen, greifen deshalb auf diese Versorgungsform zurück.

Der vielfach zur Suche einer solchen Hilfe getätigte Blick in das Internet stößt auf eine unübersichtliche Zahl von Angeboten. Verbraucherbewusste An- und Zugehörige informieren sich in einschlägigen Zeitschriften, die auch diese Dienstleistung untersucht und bewertet haben (Stiftung Warentest 2017).

Das Angebot in Internet und auf ansprechenden Flyern suggeriert, dass die Versorgung mit Frauen aus Mittel- und Osteuropa scheinbar problemlos läuft. Das beginnt bei der irrtümlichen Bezeichnung »24-Stunden-Pflege«. Sie verspricht eine Rundum-Betreuung, wie sie nicht einmal eine stationäre Pflegeeinrichtung mit guter Personalausstattung gewährleistet, weil auch hier Phasen am Tag und vor allem in der Nacht ohne eine Mensch-zu-Mensch-Betreuung vorkommen.

Das setzt sich fort mit Ansagen über große menschliche Zuwendung, wie sie idealtypischer nicht sein kann, und endet mit dem Versprechen, die entsprechende Firma bzw. Agentur sei ein verlässlicher Partner in Konfliktfällen.

Es erstaunt nicht, dass Menschen, die einigermaßen notgedrungen für ihre alten Angehörigen eine Versorgung suchen, sich davon leiten lassen und auf solche Angebote zurückgreifen.

Bemerkenswert erscheint die Tatsache, dass viele Familien von Pflegebedürftigen sich uninformiert darüber sehen, welche Möglichkeiten der Unterstützung und vor allem deren Finanzierung ihnen offenstehen. Der Rechtsanspruch auf Pflegeberatung nach § 7a SGB XI ist vielen nicht einmal dem Namen nach bekannt. Mitarbeitende von unabhängigen Pflegeberatungsstellen geben an, dass nur ein kleiner Teil der Bezieher*innen von Leistungen im Bereich des SGB XI eine Pflegeberatung in Anspruch nehmen.

Das bedeutet: Mit einer einzigen »Buchung« eine vollständig erscheinende Betreuung zu organisieren, erscheint auch als leicht gangbarer Weg zu der avisierten Versorgung des Familienmitglieds.

Gleichzeitig wird in Gesprächen mit Familien, die sich für diese Versorgungsform entschieden haben, immer wieder auch deutlich, dass der Schritt, eine Unterstützung durch eine zunächst fremde Frau, die im eigenen Haushalt wohnt, von großer Unsicherheit begleitet ist. Dabei steht an erster Stelle meist die Frage, ob der alte Mensch, eventuell sein*e (Ehe)Partner*in und der*die Betreuer*in gut miteinander zurechtkommen. Die Offenheit, eine unbekannte Frau gleichsam zur Mitbewohnerin zu erheben und hautnah mit ihr zusammenzuleben, birgt – ganz objektiv – auch ein Risiko und stellt – ganz subjektiv – alte Menschen vor große Herausforderungen.

Dabei mag zunächst das rein sprachliche Verstehen im Hintergrund stehen, und doch spielt die Verständigung eine große Rolle. Nicht viele Unterstützungsbedürftige werden Polnisch, Rumänisch oder eine weitere Sprache des osteuropäischen Raumes beherrschen. Sodann entsteht natürlich die Frage im Vorfeld, inwiefern die nun zusammentreffenden Menschen sich auch »menschlich« verstehen.

Darüber hinaus kommen auch Fragen nach der tatsächlichen Versorgung in den Blick: Wird diese Frau mit der Hinfälligkeit des Mannes oder der Mutter umgehen können? Wie viel versteht sie tatsächlich von Pflege? Stößt das, was sie kochen wird, auch beim alten Menschen auf Gegenliebe?

Nicht zuletzt besteht bei vielen Familien – trotz aller Normalität – auch die Sorge, dass das Arrangement finanziell nicht aufgeht. Auch bei formal über Vermittlungsagenturen abgewickelte Anstellungen ist oft nicht transparent, was im Einzelnen finanziell auf die Pflegebedürftigen und ihre Angehörigen zukommt. Dem Druck, eine Lösung für eine schwierige Situation finden zu müssen, nachgebend, werden auch Unsicherheiten und Risiken in Kauf genommen, hoffend, dass sich die Situation gut bestehen lässt.

Betreuungskräfte aus Mittel- und Osteuropa

Beides – die offensichtliche Normalität dieser Beschäftigung und die Frage oder Befürchtung, ob das Versorgungsarrangement »gut« gehen wird – entsteht natürlich auch auf der anderen Seite. Was die Normalität betrifft, wird in den Herkunftsländern der Frauen diese Beschäftigung in Deutschland als ambivalente Arbeit beschrieben. Herabsetzungen von Frauen, die ihre Familien, insbesondere minderjährige Kinder, zurücklassen, um in Deutschland zu arbeiten, sind durchaus Realität.

Lutz zeigt mit ihrer Studie die »Hinterbühne« der Care-Arbeit in den Herkunftsländern auf, in denen die Frauen, die als Pendelmigrantinnen arbeiten, persönlicher und gesellschaftlicher Kritik und auch erheblicher Urteile ausgesetzt sind (Lutz 2018).

Gleichzeitig wird die Beschäftigungsform in der Pendelmigration als Betreuungskraft auch öffentlich beworben. In verschiedenen Herkunftsländern der Frauen ist das Angebot der zur Pendelmigration bereiten Frauen bereits sehr klein geworden. So entsteht ein Werben um die Frauen, die sich für diese Arbeit zur Verfügung stellen.

Frauen aus Polen berichten, dass sie sich bei einer Firma zur Vermittlung beworben haben, nach Kurzem jedoch auch von einer anderen angefragt wurden. Dadurch entstehen Vorstellungen eines großen »Arbeitsmarktes«. Frauen, die seit Jahren als Pendelmigrantinnen in deutschen Privathaushalten arbeiten, berichten, dass sich zu Hause Freundinnen oder Bekannte bereits darauf einstellen, sich nach dem Erreichen des Rentenalters in Polen für eine Pflegearbeit in Deutschland zu bewerben.

In Polen existieren öffentlich sichtbare Werbeanzeigen von Busfirmen, die genau auf den Kundenkreis der in Deutschland pflegenden Frauen abgestimmt sind. Sie kommunizieren, dass die Sorge-Arbeit, die allerdings so nicht benannt wird, eine reguläre Beschäftigung darstellt und dass die Städte, in denen die Haushalte liegen, mit eben diesem Busunternehmen gut und preiswert erreicht werden.

Parallel haben sich große Vermittlungsagenturen in Deutschland auf eine Darstellung ihres Angebotes eingerichtet, die nicht nur die Kunden – also die Familien mit Pflegebedürftigen – erreichen wollen, sondern auch um die Frauen, die nach Deutschland kommen, werben. So sind auf ihren Seiten im Internet »Stellenangebote« einzusehen, die die jeweiligen Rahmenbedingungen wie Aufwand der Pflege, Vorhandensein einer Demenz, Unterstützung durch pflegende Angehörige, aber auch Ausstattung der Unterbringung, Mitbenutzung eines PKWs oder Lage der Wohnung angeben. Die Darstellung, inklusive einer Landkarte, auf der der Ort, um den es sich handelt, einzusehen ist, vermittelt eine hohe Professionalität und im Hinblick auf die Tätigkeit eben auch eine Normalität.

Dennoch entstehen und bleiben auch aufseiten der Pendelmigrantinnen Fragen und Unklarheiten.

Das Gelingen des fragilen Modells bedeutet auch für die Frauen in Pendelmigration eine Ungewissheit. Wird diese Versorgungsform auch als normal und vielleicht sogar vertraut angesehen, liegen dahinter auch die Fragen nach dem Fortbestand. Wie lange werde ich dieses Leben aushalten? Kann ich jederzeit wieder zurück? Wie gehe ich mit tatsächlicher Pflegebedürftigkeit – etwa im Unterschied zur reinen Haushaltsführung – um?

Lutz stellt eindrücklich dar, dass vor allem Frauen, die eigene Kinder zurücklassen, auch mit persönlichen Herausforderungen zurechtkommen müssen. Ihre exemplarischen Fallbeispiele zeigen, »dass vor allem die migrantischen Mütter selbst an der Trennung von ihren Kindern leiden und sie als die schwerste Belastung ihrer Berufstätigkeit betrachten« (Lutz 2018, S. 64). Die von nahezu allen Pendelmigrantinnen beschriebene Kommunikationsform per Internet oder Telefonie macht deutlich, dass sie in zweierlei Leben eine Normalität gewährleisten (wollen), einerseits in Deutschland, andererseits in ihrer Herkunftsfamilie. Die »Skype-Mutterschaft« (Lutz 2018, S. 63) bleibt dabei trotz aller Praktikabilität natürlich eine begrenzte Möglichkeit der Beziehungspflege. Was für das Verhältnis zu Kindern gilt, trifft mit graduellen Unterschieden auch für andere Beziehungen zu.

Professionell Pflegende

Die Studien von Kiekert/Schirilla in diesem Buch zeigen, dass die Tätigkeit auf dem Grauen Pflegemarkt von professionell Pflegenden wahrgenommen wird, wenn sie als ambulanter Pflegedienst in private Wohnungen kommen. An den genannten Ergebnissen wird deutlich, dass dabei nicht nur die gegenseitige Wahrnehmung, sondern vor allem auch eine wechselseitige Wertschätzung sowie Respekt vor der Leistung der jeweils anderen Seite wesentliche Voraussetzungen für eine gelungene Kooperation darstellen. Der Bericht eines ambulant Pflegenden zu »Oskar K.« im Beitrag von Schreyer stellt ein beredtes Beispiel für die Anerkennung der Arbeit einer migrantischen Unterstützerin dar.

Im Blick auf die professionelle Pflegeleistung sind gleichwohl Problemanzeigen zu nennen, die im Kontext der Normalität der hier betrachteten Versorgungsform auftreten. Insbesondere wenn die Tätigkeit der Unterstützungskraft ohne Kooperation mit einem Pflegedienst erfolgt, stellt vor allem die Qualität eine unsichere Komponente im Versorgungssystem dar.

Hier ist vorrangig, die erzielte Pflegequalität zu nennen. Sie orientiert sich in der häuslichen Krankenpflege an der Richtlinie des GKV-Spitzenverbandes. Diese regelt die Qualität der Pflege gesetzlich zum einen für deren Finanzierung, zum anderen zu deren Gewährleistung.

In der Ausgabe von 2018 beschreibt der jährlich erscheinende »Pflege-Report« die »Qualität und Qualitätssicherung in der Langzeitpflege« (Jacobs et al. 2018). Da die Arbeit einer Betreuungskraft ohne jede geregelte Kontrolle ihrer Tätigkeit erfolgt, wird vonseiten professionell Pflegender an dieser Stelle durchaus Kritik geübt. Ostermann zeigt in seinem Beitrag, inwiefern an dieser Stelle auch eine Aufgabe des Pflegemanagements liegt. Sofern ein professioneller Pflegedienst jedoch nicht in die Versorgung involviert ist, bleibt die Kontrolle der Qualität dieser Versorgung völlig aus.

Ein zweiter Aspekt ist aus der Sicht professioneller Pflege anzuführen: Nach pflegewissenschaftlichem Verständnis vollziehen sich grundlegende Elemente der Pflege in Faktoren, die gleichsam zwischen Menschen entstehen, ohne dass sie messbar sind:

»Die affektive Natur, (latente) Einstellungen des Moralverständnisses einer Person gelten als schlecht messbare Konstrukte, die in der Überprüfung von Pflegequalität bislang kaum eine Rolle spielen […]. Doch genau jene Konstrukte sind es, die bestimmen, ob Pflege außerhalb von qualitätsüberprüfenden Situationen entsprechend den vorgegebenen Kriterien ›qualitätskonform‹ umgesetzt wird, z. B. in der Einhaltung hygienischer Richtlinien oder in der Wahrung der Persönlichkeitsrechte Pflegebedürftiger.« (Luderer/Meyer 2018, S. 16)

Stellen diese »schlecht messbaren Konstrukte« eine Schwierigkeit in der Berücksichtigung der Pflegequalität dar, beinhalten sie im Blick auf Betreuungskräfte geradezu Konfliktpotenzial. Durch die freiwillig-unfreiwillig gewählte Gemeinschaft in einem Lebensraum erhalten Faktoren, wie persönliche Haltung, emotionale Einfühlung und gelebter Respekt, eine große Bedeutung. Die gleichsam innerfamiliäre Konstellation zwischen Betreuungskraft und betreutem Menschen lässt eine Nähe und zwangsläufige Vertrautheit mit persönlichsten Gepflogenheiten und Eigenheiten entstehen, die selbst in der professionellen Pflege so kaum vorhanden ist. Für beide Beteiligten gilt, dass das »Dazwischen« ein hohes Maß an Einfühlung und Verständnis für den anderen benötigt.

Verantwortliche Akteur*innen der Politik und Gesellschaft

Dass ein wesentlicher Bereich der sozialstaatlichen Verantwortung – die Altenpflege – Bestandteil eines »grauen Marktes« sein kann, erscheint zunächst kaum vorstellbar. Die unterschiedlichen Versorgungsleistungen in den verschiedenen Lebenslagen sind durch die 12 Sozialgesetzbücher geregelt. Praktisch jede persönliche Notlage, aber eben auch jede mögliche Leistung zur Abmilderung oder Verhinderung derselben, ist gesetzlich verankert und mit Finanzierungsregelungen hinterlegt. Insbesondere die Altenhilfe ist durch eine Vielzahl von Rechtsgrundlagen beschrieben und kontrolliert.

Das zunehmende Wachstum dieses Grauen Pflegemarktes ist politischen und weiteren öffentlichen Verantwortungsträger*innen nicht entgangen. Von verschiedenen Interessensvertreter*innen ist die Forderung nach einer politisch verantworteten Regulierung erhoben worden. Exemplarisch kann die Gewerkschaft ver.di mit ihrer Broschüre »Raus aus der Schwarzarbeit. Gute Arbeit in Privathaushalten« genannt werden. Aus sozialethischer Perspektive hat Emunds das Phänomen der Grauen Pflegemarktes reflektiert (Emunds 2016).

Landtagsanhörungen, Fachgespräche in Gesundheits- und Sozialausschüssen auf Kommunal-, Landes- und Bundesebene sind ebenso Realität wie die ausbleibende Konsequenz in einer (gesetzgeberischen) Gestaltung.

Die hohe Komplexität des Grauen Pflegemarktes ist möglicherweise der Grund für die seit Jahren andauernde Zurückhaltung aufseiten politischer Verantwortungsträger*innen, wenn es um Unterstützung bei der »Aufhellung« des Graus dieser Versorgungsform geht. So sind Regelungen der Altenhilfe zwischen Bund- und Länder-Verantwortung aufgesplittet, vielfach liegen Zuständigkeiten auch parallel in verschiedenen Ministerien.

Ein weiterer Grund für die Zurückhaltung politischer Entscheidungsträger*innen könnte die vielfältige Verflochtenheit in der Existenz von Versorgungsangeboten sein: Würde der Graue Pflegemarkt legalisiert, bedeutete dies eine Zurücksetzung stationärer Pflegeeinrichtungen. Mit Sicherheit würde dieses Vorgehen andere Anbieter im Pflegesektor provozieren – eine Wirkung, die möglicherweise nicht nur politische Entscheidungsträger*innen fürchten, sondern auch Vertreter*innen unterschiedlichster Träger*innen der privatwirtschaftlichen und freigemeinnützigen Altenhilfe.

Insbesondere die vielfach geforderte rechtliche Regelung von Arbeitszeit und Freizeit der Betreuungskräfte bedeutete eine Erschütterung der bestehenden Situation: Kämen die bestehenden Rechtsgrundlagen tatsächlich zur Anwendung und würden sie auch entsprechend kontrolliert, käme eine Fülle irregulärer Arbeitsverhältnisse zutage. Eine solche Beleuchtung des Grauen Pflegemarktes führte nicht nur zu einer Erschütterung der im einzelnen Arbeitsverhältnis betroffenen Personen – Pflegebedürftige wie Betreuungskräfte gleichermaßen –, sondern auch zu einer nicht zu beherrschenden Notsituation in der Versorgung Pflegebedürftiger.

Grauer Pflegemarkt als öffentliches Thema

Pflege in der medialen Darstellung

Im Blick auf die Verantwortung für pflegebedürftige Menschen ist eine Entwicklung der vergangenen Jahre von großem Vorteil: Pflegende und Pflegetätigkeit sind in der Öffentlichkeit deutlich wahrnehmbarer als in früheren Jahrzehnten.

Das gilt zunächst für die Pflegenden in Krankenhäusern und Kliniken, die durch die Arbeitsniederlegungen und Streiks öffentlich auf ihre prekäre Situation aufmerksam gemacht haben.

Das gilt mit graduellen Unterschieden auch für die Altenpflege, die sich aufgrund der bisherigen Dreiteilung der Pflegeberufe in Krankenpflege, Kinderkranken- und Altenpflege immer mit dem dritten Platz begnügen musste. Die Wert- oder besser die Geringschätzung der Altenpflegenden ist parallel der Geringschätzung alter Menschen in gesellschaftlichen Zusammenhängen zu beobachten. Umso mehr verdient die zunehmende Präsenz von Pflege in den Medien Aufmerksamkeit. Darin eingeschlossen ist auch die Darstellung des Grauen Pflegemarktes. Lutz hat nachgewiesen, dass die Präsenz dieser Versorgungsform in Filmen seit 2007 ständig zugenommen hat und führt eine stattliche Anzahl von Filmen speziell zu diesem Thema an (Lutz 2018, S. 158).

Darüber hinaus haben sich Themen der (pflegerischen) Versorgung in der öffentlichen Darstellung einen Platz erobert, wie der Blick auf die Internet-Seiten der einschlägigen Ministerien auf Bundes- und Landesebene belegt.

In diesem Zusammenhang wird auch der Graue Pflegemarkt sichtbar – soweit er in seinen Grautönen sichtbar gemacht werden kann. Die Flyer entsprechender Vermittlungsagenturen bewerben die Versorgungsform genauso wie Faltblätter eingeführter Pflegedienste und stationärer Pflegeeinrichtungen.

Fachkräftemangel bei den SAHGE-Berufen

Öffentliche Wahrnehmbarkeit von Pflege und Pflegenden bedeutet allerdings nicht, dass hier vorrangig gute oder zumindest gelingende Seiten des Lebens dargestellt werden. Vielfach ist die belastende Seite des Berufes, die Überforderung der Pflegenden und deren Wunsch nach einem vorzeitigen Arbeitsende oder gar einem Berufswechsel in den Mittelpunkt gestellt.

In Dokumentationen werden frustrierte Pflegende gezeigt, die einmal mit hohem Berufsethos und persönlichem Schwung in ihrem Beruf begonnen haben, sich aber aufgrund der Arbeitsbedingungen nach wenigen Jahren ausgebrannt fühlen. Die entsprechenden Dokumentationen stellen dar, wie fordernd die Arbeit mit alten Menschen ist, unter welchem Zeitdruck sie aufgrund der Rahmenbedingungen stattfindet und wie erschöpft die professionell Pflegenden zurückbleiben.

Nun mag offenbleiben, in welchem Maß Medien zu der Situation beitragen, die wir heute als Fachkräftemangel bezeichnen. Tatsache ist, dass (zu) wenige junge Menschen den Pflegeberuf und auch weitere Sozialberufe erlernen und jahrelang ausüben wollen.

»Sie machen, was zu wenige machen wollen« ist ein insgesamt dreiteiliger Beitrag der Wochenzeitung DIE ZEIT überschrieben, in dem junge Auszubildende in den Berufen Altenpfleger*in und Erzieher*in dargestellt werden (DIE ZEIT 2019). Beispielhaft werden diese beiden aus den sogenannten SAGE-Berufen genannt, Berufen in Sozialer Arbeit, Gesundheitswesen und Erziehung. Die Abkürzung existiert seit 2011, gewissermaßen als »Gegenstück« zu den MINT-Berufen (Mathematik, Informatik, Naturwissenschaft, Technik), und ist aus der Absicht heraus entstanden, die »Sozialberufe« in ihrer Wahrnehmung und Wertschätzung zu befeuern (Mergner 2011). 2017 wurde das Kunstwort um ein H für haushaltsnahe Dienstleistungen erweitert, was dem Umstand Rechnung trägt, dass zum einen die Versorgung der Hauswirtschaft ebenso zur Sorge für andere gerechnet werden kann, zum anderen die hauswirtschaftlichen Tätigkeiten in unmittelbarer Kooperation mit pflegerischem und pädagogischem Handeln zu sehen sind.

Dass es in allen diesen Berufen zu einem Mangel gekommen ist, wird seit Jahren in einem größeren Zusammenhang gesehen. In diesem Kontext wird auch von der Care-Krise gesprochen (Lutz/Palenga-Möllenbeck 2011; Hämel/Schaeffer 2013; Klinger 2019). Unter dem provozierenden Titel »Who cares?« kuratierte der Deutsche Frauenrat eine Ausstellung zu den SAGE-Berufen, die die gespaltene Haltung zu den sorgenden Berufen in der Bevölkerung darstellt: Jeder Mensch möchte für die Erziehung seiner Kinder eine hervorragend qualifizierte Kindheitspädagogin wie auch für die Betreuung und Beratung in allen Bereichen exzellente Soziale Arbeit und ebensolche Pflege vom Lebensanfang bis Lebensende. Die entsprechende Wertschätzung dieser Tätigkeiten bleibt jedoch aus.

In gewissem Sinn betrifft die geringe Wertschätzung von Sorgearbeit auch die in der Familie ausgeübte. Ungefähr zwei Drittel aller Pflegebedürftigen in Deutschland werden zu Hause gepflegt, vielfach von noch erwerbstätigen Angehörigen (Geyer/Schulz 2014).

Im Ergebnis kann von den Forschungen zur Care-Krise zusammengefasst werden: Die Krise in diesem Bereich wird durch eine symbolische und monetäre Abwertung provoziert (Klinger 2019). Die nicht adäquate Honorierung der Reproduktions-Arbeit lässt sich auch an dem systematischen Vorenthalten von Qualifikationsstufen innerhalb des Deutschen Qualifikationsrahmens mit seinen acht Ebenen abbilden (Herrmann 2017).

Der Fachkräftemangel auch im Pflegebereich darf als direkte Auswirkung der gesamten Care-Krise betrachtet werden. Die genannte Geringschätzung sämtlicher Sorge-Arbeit führt nicht nur zu einer unzureichenden Attraktivität entsprechender Berufe, sondern zu vielfältigen Versorgungslücken.

Diese Situation bietet günstige Rahmenbedingungen für eine ungünstige Entwicklung: die Entstehung und Etablierung des Grauen Pflegemarktes als einem Ersatz für die häusliche Versorgung zwischen haushaltsnahen Dienstleistungen und Pflegearbeit.

Handlungsbedarf für die öffentliche Meinungsbildung

In dieser Gemengelage von Fachkräftemangel, der Skandalisierung der Pflegearbeit, der Enttäuschung und Erschöpfung ihrer Professionellen, der teilweise deprimierenden Situation der Pflegebedürftigen entsteht auch ein Platz für die Wahrnehmung des Grauen Pflegemarktes. Die TV-Serie »Magda macht das schon« ist mit ihrer Darstellung einer reinen Beziehungsarbeit zwischen der »Polin« und einer bettlägerigen, scheinbar jedoch Energie geladenen Frau einerseits ziemlich weit von der Realität einer Pflege in der eigenen Häuslichkeit entfernt. Andererseits setzt sie mit außerordentlich positiven Vorzeichen den Einsatz einer Betreuungskraft aus Polen in Szene und vermittelt auf unterhaltsame Art ein nicht den gängigen Stereotypen von »ausgebrannter Pflegekraft« entsprechendes Bild, sondern vielmehr das einer hilfreichen und heiteren Frau.

Aus dem Gesagten wird deutlich, dass ein so wichtiger Bereich häuslicher Versorgung nicht einzelnen Berichten oder Filmen – selbst solchen mit erklärtem Unterhaltungswert – überlassen bleiben darf. Mit anderen Worten: Der Graue Pflegemarkt muss zum Gegenstand öffentlichen Wissens und öffentlicher Bildung werden. Innerhalb der medialen Darstellung von Pflege einerseits, dem krisenhaften Image der SAGHE-Berufe andererseits ist der öffentliche Blick auf den Grauen Pflegemarkt als dem Ergebnis einer brisanten Versorgungslücke zu werfen.

Das mag auf den ersten Blick nicht eingängig sein. Warum ist »Pflege im Privathaushalt« eine die Öffentlichkeit interessierende Angelegenheit? Genauer: Warum sollte sich die Öffentlichkeit für etwas interessieren, was in der privaten Häuslichkeit eines Menschen, noch dazu eines pflegebedürftigen, geschieht? Ist nicht vielmehr ein solcher Mensch – möglicherweise vulnerabel und in besonderer Weise schutzbedürftig – gerade vor neugierigen Blicken zu bewahren?

Mit der Forderung, den Grauen Pflegemarkt in das öffentliche Bewusstsein zu heben, ist natürlich kein neugieriger Blick in die Privatsphäre gemeint. Es geht darum, Informationen an die Allgemeinheit zu vermitteln, dass es einen solchen Grauen Pflegemarkt gibt. Vor diesem Hintergrund ist die bereits benannte öffentlich zugängliche und allgemein verständliche Darstellung des Phänomens »24-Stunden-Pflege« von Rossow und Leiber anzuführen (Rossow/ Leiber 2019).

Allein die Bezeichnung »Pflege im Privathaushalt« verdeutlicht schon sprachlich, dass bei dieser Versorgungsform familiäre und persönliche Strukturen mit einer externen Dienstleitung kombiniert werden. Dadurch werden Grenzen aufgehoben und etwas Neues entsteht, das in der Versorgungslandschaft vorher so nicht existiert hat – genau das in dem Vorwort »Zu diesem Buch« benannte Dazwischen.

An dem Kunstwort »Live-in« lässt sich erkennen, dass die Präsenz einer Betreuungskraft aus Mittel- oder Osteuropa in einer Privatwohnung und mit gemeinsamem Lebensvollzug eine Vermischung von externer Dienstleistung und privatem Lebensraum darstellt.

Einerseits geht es um Pflege und damit um eine Übernahme bzw. Leistungen sozialstaatlicher Aufgaben. Es ist völlig unstrittig, dass die Gesellschaft und damit »die Öffentlichkeit« an der pflegerischen Versorgung grundsätzlich Interesse haben soll, zumal sie als Gemeinschaft aller Menschen im Staat an ihrer Finanzierung beteiligt ist. Pflege ist in ihrer Gesamtheit eine gesellschaftliche Aufgabe.

Andererseits geschieht sie im Fall des Grauen Pflegemarktes eben genau unter Ausschluss der Öffentlichkeit. Es gehört zu den Intimitäten eines Menschen, wie er in seiner Pflegebedürftigkeit lebt und welchen Unterstützungsbedarf er hat.

Es geht bei einer »Veröffentlichung« des Grauen Pflegemarktes darum, die Rahmenbedingungen, unter denen die Betreuung im Privathaushalt stattfindet, öffentlich zu machen und die Strukturen, die diesen Grauen Pflegemarkt einerseits erforderlich und andererseits möglich machen, aufzuzeigen.

Faktisch nimmt das öffentliche Interesse auch ständig zu. Bei Tagungen, Fachvorträgen und Informationsveranstaltungen zur pflegerischen Versorgung, insbesondere zur Situation pflegender Angehöriger, wird das Thema Grauer Pflegemarkt immer häufiger aufgegriffen, vorgestellt und vielfach kontrovers diskutiert. Die Bereitschaft der interessierten Öffentlichkeit, sich über diese Versorgungsform Wissen zu beschaffen und sich mit den rechtlichen und (pflege)ethischen Herausforderungen auseinanderzusetzen, nimmt beständig zu.

Dennoch ist eine Regelung, ist eine Klärung des Grauen Pflegemarktes noch lange nicht in Sicht. Rossow und Leiber stellen drei Handlungsoptionen vor, die zukünftig denkbar sind (Rossow/Leiber 2019, S. 42). Offen bleibt dabei, wer die jeweils verantwortlich Handelnden sein sollen.

Schlussfolgerungen

Soll es das Ziel sein, den Grauen Pflegemarkt in seiner Struktur mit allen seinen Problemanzeigen zum Gegenstand öffentlichen Bewusstseins zu machen, stellt sich die grundlegende Frage nach der Verantwortung für diesen Prozess.

Wer ist gefordert? Welche Akteur*innen haben hier die Initiative zu ergreifen und anschließend konkrete Schritte – beispielsweise in Bezug auf die rechtliche Gestaltung der Arbeitsverhältnisse – zu planen und zu unternehmen?

Bislang lässt sich konstatieren, dass an keiner öffentlichen Stelle die Bereitschaft zur Übernahme der Verantwortung signalisiert wird. Die Anfragen an die politischen Akteur*innen sind gestellt. Initiativen oder gar Vorlagen zu gesetzlichen Regelungen scheinen – zumindest auf Bundesebene – nicht den ersten Platz auf der Agenda der Verantwortlichen einzunehmen.

Am ehesten haben sich Wohlfahrtsverbände und die Gewerkschaft ver.di mit konkreten Umsetzungen hervorgetan.

Denkbar wäre es auch, die Familien bzw. die pflegenden Angehörigen – seit vielen Jahren als größter Pflegedienst Deutschlands bezeichnet – in die Verantwortung zu ziehen, für den Grauen Pflegemarkt reguläre Rahmenbedingungen zu fordern. Dafür spricht, dass die »Pflege im Privathaushalt« vor allen Dingen den persönlichen Vorstellungen von Pflegebedürftigen und ihren Familien entspricht – eben dem vielfach beschriebenen Wunsch, so lange wie möglich im eigenen Zuhause zu bleiben. Im Zuge des familiären Miteinanders ist zumindest die Organisation, wenn auch nicht die persönliche Übernahme von Pflege immer auch eine Aufgabe der Familie. Gleichzeitig kann die reguläre Gestaltung eines so komplexen Phänomens, wie der Graue Pflegemarkt es ist, nicht allein von Familien, die ihn nutzen, befördert werden. Die grundsätzliche Einschätzung Klies trifft auch hier zu, wenn er schreibt: »Die Sorge und Pflege von Angehörigen allein den Familien zu überlassen, wäre unverantwortlich.« (Klie 2014, S. 67)

Mit Blick auf die vielen Akteur*innen im Geschehen des Grauen Pflegemarktes erscheint es unabdingbar, sich zu einer Konzertierten Aktion zusammenzuschließen. Das Vorhaben, konkrete Strukturen und regelkonforme sowie finanzierbare Voraussetzungen zu schaffen, muss von allen Beteiligten angegangen werden, nicht zuletzt auch deshalb, weil für Lösungen eine möglichst allseitige Akzeptanz anzustreben ist.

Denkbar und sinnvoll wären multiperspektivische Herangehensweisen, die zu einer Sicht mit dem Aufzeigen entsprechender Möglichkeiten zusammengeführt werden, wie sie etwa die – auf die Genderfrage fokusierte – Expertise zum Siebten Altenbericht der Bundesregierung darstellt (Beckmann 2016).

Der Druck ist aufseiten derer, die auf diese Versorgungsform angewiesen sind, längst groß genug. Die Zeit, politische Lösungen und gesetzliche Regelungen in europäischer Perspektive anzugehen, ist längst gekommen.

Literatur

Beckmann, S. (2016): Sorgearbeit (Care) und Gender. Expertise zum Siebten Altenbericht der Bundesregierung. Berlin.
DIE ZEIT (2019): Sie machen, was zu wenige machen wollen. In: DIE ZEIT Nr. 35, 22.08.2019, S. 56.
Emunds, B. (2016): Damit es Oma gutgeht. Pflege-Ausbeutung in den eigenen vier Wänden. Frankfurt a. M.
Erpenbeck, J. (2015): Gehen, ging, gegangen. München.
Geiger, A. (2011): Der alte König in seinem Exil. München.
Geyer, J./Schulz, E. (2014): Who cares? Die Bedeutung der informellen Pflege durch Erwerbstätige in Deutschland. In: DIW Wochenbericht Nr. 14, S. 294–301.
Hämel, K./Schaeffer, D. (2013): Who cares? Fachkräftemangel in der Pflege, Zeitschrift für Sozialreform 59, 4, S. 413–431.

Herrmann, A. (2017): Personalarbeit 4.0. Arbeit kompetenzorientiert gestalten. Handbuch für das Sozial- und Gesundheitswesen. Münster.

Jacobs, K./Kuhlmey, A./Greß, S./Klauber, J./Schwinger, A. (Hg.) (2018): Pflegereport. Qualität in der Pflege. Berlin.

Klie, T. (2014): Wen kümmern die Alten? Auf dem Weg in eine sorgende Gesellschaft. München.

Klinger, C. (2019): Die andere Seite der Liebe. Das Prinzip Lebenssorge in der Moderne. Frankfurt a. M.

Luderer, C./Meyer, G. (2018): Qualität und Qualitätsmessung in der Pflege aus ethischer Perspektive. In: Jacobs et al. (Hg.): Pflegereport. Qualität in der Pflege. Berlin, S. 15–26.

Lutz, H. (2018): Die Hinterbühne der Care-Arbeit. Transnationale Perspektiven auf Care-Migration im geteilten Europa. Weinheim.

Lutz, H./Palenga-Möllenbeck, E. (2011): Care, Gender ans Migration: Towards a Theory of Transnational Domestic Work Migration in Europa. In: Journal of Contemporary European Studies 19, H. 3, S. 349–364

Mergner, U. (2011): Seien wir SAGE! Wie kann die gesellschaftliche Anerkennung der Disziplinen und Professionen im Bereich der »sozialen Dienstleistungen« erhöht werden? In: Bayerische Sozialnachrichten. Mitteilungen der Landesarbeitsgemeinschaft der öffentlichen und freien Wohlfahrtspflege in Bayern, 4, S. 3–9.

Rossow, V./Leiber, S. (2019): Kein Schattendasein mehr. Entwicklungen auf dem Markt für »24-Stunden-Pflege«. In: Aus Politik und Zeitgeschichte. Zeitschrift der Bundeszentrale für Politische Bildung, 69. Jg. 33–34/2019, S. 37–42.

Stiftung Warentest (2017): Pflege zu Haue. Die besten Vermittler für Betreuungskräfte aus Osteuropa. In: test 5/2017, S. 86–95.

Ver.di-Bundesvorstand (ohne Jahr): Raus aus der Schwarzarbeit. Gute Arbeit in Privathaushalten. Berlin.

Autor*innen

Haberstumpf-Münchow, Christine, Dr. phil., Ass. jur., Evangelische Hochschule Nürnberg

Hagedorn, Jonas, Dr. rer. pol., Wissenschaftlicher Mitarbeiter, Oswald von Nell-Breuning-Institut für Wirtschafts- und Gesellschaftsethik (NBI) der Philosophisch-Theologischen Hochschule Sankt Georgen in Frankfurt a. M.

Ignatzi, Helene, Dr. phil., Professorin für Handlungslehre und Methoden der Sozialen Arbeit, Evangelische Hochschule Nürnberg

Jolly, Giorgio, B. Sc., Berufsakademie für Gesundheits- und Sozialwesen Saarland

Kiekert, Jasmin, M. A. Soziale Arbeit, Akademische Mitarbeiterin, Katholische Hochschule Freiburg

Ostermann, Damian, M. A., Diakoniemanagement, Qualitäts- und Projektmanager im privaten Pflegedienst Aercura, Bielefeld

Petermann, Arne, Dr. rer. pol., Professor für Management in Organisationen des Gesundheits- und Sozialwesens, Berufsakademie für Gesundheits- und Sozialwesen Saarland

Schirilla, Nausikaa, Dr. habil., Professorin für Soziale Arbeit, Migration und Interkulturelle Kompetenz, Katholische Hochschule Freiburg

Schrader, Katharina, cand. M. Sc. Management und Qualitätsentwicklung im Gesundheitswesen, Alice-Salomon-Hochschule Berlin

Schreyer, Irena, M. Sc., Migrationsforschung, Pflege und Hochschuldidaktik, Akademische Mitarbeiterin, Hochschule Ravensburg-Weingarten

Städtler-Mach, Barbara, Dr. habil., Professorin für Anthropologie und Ethik im Gesundheitswesen, Evangelische Hochschule Nürnberg

ERINNERN – VERGESSEN – GESTALTEN?

Burkhard Plemper

… und nichts vergessen?!

Die gesellschaftliche Herausforderung Demenz

2018. 288 Seiten, kartoniert
€ 20,00 D
ISBN 978-3-525-71148-4

eBook € 15,99 D | ISBN 978-3-647-71148-5

Burkhard Plemper stellt beim Thema »Demenz« gesellschaftliche Reaktionen in den Mittelpunkt. Er lässt die Leser teilhaben am ersten öffentlichen Auftritt einer Betroffenen, die offen mit ihrer Demenz umgeht, an der Verzweiflung und der Hoffnung des Juristen, der trotz der mitunter erdrückenden Fürsorglichkeit seiner Frau auch mit Alzheimer ein gutes Leben haben will.

Demenz ist eine gesellschaftliche Herausforderung und geht alle an. Sie ist eine Aufgabe der Zivilgesellschaft. Burkhard Plemper stellt Mut machende Ideen vor und Mut machende Menschen, die sich ihrer Demenz stellen. Gemeinsame Sorge ist so viel mehr als Pflege.

 **Vandenhoeck & Ruprecht** Verlage
www.vandenhoeck-ruprecht-verlage.com

Preisstand 1.1.2020

KOMPETENTE UNTERRICHTSMODULE FÜR ETHISCHE PFLEGE

Heinrich Merkt | Margrit Schlipf | Friedrich Schweitzer | Albert Biesinger (Hg.)

Ethische und interreligiöse Kompetenzen in der Pflege

Unterrichtsmaterialien für die Pflegeausbildung

2014. 190 Seiten, kartoniert
€ 25,00 D
ISBN 978-3-525-70212-3

eBook € 19,99 D | ISBN 978-3-647-70212-4

Die Unterrichtsmaterialien vermitteln Auszubildenden der Alten-, Gesundheits- und Krankenpflege gezielt diese unverzichtbaren Kompetenzen. So können sie auf die religiösen Prägungen von Pflegenehmenden professionell eingehen. Neun Unterrichtsmodule fördern interreligiöse Kompetenzen im pflegerischen Umgang mit Menschen jeden Lebensalters, sensibilisieren für religiöse Bedürfnisse in vielfältigen Pflegesituationen und vermitteln die Fähigkeit, religiöse Ressourcen für konstruktive Konfliktlösungen im Pflegealltag nutzen zu können. Die Module bieten praktische Lernmaterialien und -methoden für Auszubildende und wichtige inhaltliche und didaktische Hintergrundinformationen für Lehrende.

Vandenhoeck & Ruprecht Verlage
www.vandenhoeck-ruprecht-verlage.com